PRIX: 2.00

(Cousin-la couverture)

LES GRANDS ÉCRIVAINS FRANÇAIS

—

VICTOR COUSIN

PAR

JULES SIMON

VICTOR COUSIN

VICTOR COUSIN

REPRODUCTION D'UNE PHOTOGRAPHIE DE NADAR.

LES GRANDS ÉCRIVAINS FRANÇAIS

VICTOR COUSIN

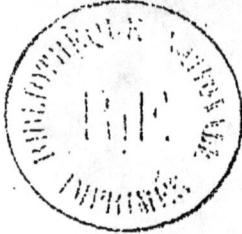

PAR

JULES SIMON

DE L'ACADÉMIE FRANÇAISE
SECRÉTAIRE PERPÉTUEL DE L'ACADÉMIE DES SCIENCES
MORALES ET POLITIQUES

PARIS
LIBRAIRIE HACHETTE ET Cie
79, BOULEVARD SAINT-GERMAIN, 79

1887

VICTOR COUSIN

CHAPITRE PREMIER

LA BIOGRAPHIE

Il y a des hommes qui font beaucoup de bruit pendant leur vie et que la postérité ne connaît pas.
M. Victor Cousin n'est pas de ceux-là. Il a rendu
son nom immortel par de très grands services et
par de très belles œuvres ; mais ceux qui n'ont pas
vécu de son temps ne sauraient s'imaginer quel
bruit il faisait en ce monde pendant qu'il y était. Il
aimait cela, il cherchait cela. Je me rappelle qu'aux
approches de la révolution de 1848 le bruit des questions politiques et des questions sociales ayant un
peu couvert celui qu'il faisait avec les questions philosophiques et religieuses, il tremblait de peur d'être
oublié. « Paraître ! me disait-il. Il faut paraître. J'ai
le sentiment que nous avons besoin de paraître. »
Il disait *nous avons*, comme le roi dit *nous voulons*.
Quand il fut ministre de l'Instruction publique (il ne
le fut que huit mois), il remplit *le Moniteur* et les

journaux officieux de ses arrêtés, de ses circulaires, de ses discours publics, de ses menus propos et de ses projets. M. Damiron, qui était, selon l'expression de M. Cousin lui-même, le sage des sages, le lui reprochait doucement. « Tu parais trop, disait-il; tu fatigueras le public. » Mais Cousin lui répondait : « Il faut paraître ».

De toutes ses passions, celle-là a été la plus complètement satisfaite. Il est venu dans un temps où il y avait grande disette de lettrés. L'instruction publique avait chômé pendant les années terribles; le peu d'hommes qui s'étaient formés d'eux-mêmes étaient pris par les armées ou par l'administration. Tout le monde était enrégimenté d'une manière ou d'une autre. Il ne restait pour ainsi dire pas d'homme en liberté. Michelet raconte que, quand il sortit du collège (c'était quatre ou cinq ans après Cousin), les libraires se jetaient sur le moindre écolier pour en faire un homme de lettres. C'était le beau temps pour paraître; on n'était pas étouffé dans la foule. Même situation pour l'enseignement. On ne cite guère dans l'enseignement des collèges sous l'empire que Villemain, Jos. Victor Le Clerc et Naudet; mais comme on les cite! Il n'y avait pas de cours publics. Une société privée fonda ou ressuscita le *Lycée,* qui eut aussitôt la vogue. On avait comme un besoin général de parler après un long silence, j'entends de parler français, car du temps des clubs on parlait une langue qui n'avait rien de commun avec celle de nos grands siècles. Parler de littérature dans une

langue correcte, cela suffisait, au commencement de
l'empire, pour avoir du succès. Si l'on y joignait un
peu d'esprit, on faisait fanatisme. La Faculté des
Lettres de Paris fut ouverte, dans les bâtiments du
collège du Plessis, en 1809. Dès que Villemain eut
une chaire publique, il fut populaire. Les leçons de
psychologie de La Romiguière étaient célèbres parmi
les femmes comme autrefois les sermons de Bourda-
loue. Elles allaient en foule au cours de Lacretelle,
qu'il fallut bientôt leur interdire. M. Royer-Collard
n'eut jamais qu'un public restreint. Il parlait bien,
avec une certaine austérité qui commandait l'approbation et rendait l'engouement difficile. Quand je
dis : il parlait bien, j'ai tort; c'est : il lisait bien,
que je devrais dire. L'effet fut prodigieux, quelques
années après, quand on vit et qu'on entendit Cousin.
Celui-là avait l'air d'une apparition. Représentez-
vous un jeune homme de vingt-trois ans, maigre,
avec une tête expressive et des yeux flamboyants,
l'air d'un mourant dans les premières minutes,
s'enflammant peu à peu, faisant assister l'auditoire
au travail de sa pensée, cherchant les mots, en
trouvant d'admirables, assez clair pour qu'on sût à
peu près ce qu'on applaudissait, assez nuageux pour
donner carrière aux imaginations, doué d'un bel
organe, comédien jusqu'au bout des ongles, penseur assurément, encore plus artiste, prédicateur
plutôt que professeur, avec des airs de tribun et
d'apôtre tout ensemble. Il eut des enthousiastes dès
le premier jour, et même des fanatiques.

Je, dis des enthousiastes, notez-le bien, je ne dis
pas des disciples; ses disciples furent peu nombreux
et peu persistants; je ne dis pas non plus des amis,
il n'en eut guère. En revanche, des admirateurs en
foule, et bientôt des ennemis aussi nombreux que
ses admirateurs. Cette révolution, qui avait mis toutes
les têtes en péril et toutes les croyances en question,
avait créé à la génération nouvelle d'énormes besoins
intellectuels. Cousin était le premier professeur de
philosophie qui eût le courage de parler de religion
et de politique. Il eut d'abord contre lui les subsis-
tants des idéologues et les disciples de La Romiguière, qui prétendaient, les uns et les autres, être
les représentants de la philosophie française. Cousin
leur demandait s'il y avait aussi une géométrie française. Très rapidement il alarma les dévots, qui le
lui firent bien voir quand ils furent décidément les
maîtres. Il alarma aussi les conservateurs, même
libéraux, qui l'accusaient de troubler la « sérénité »
de la jeunesse. Pour comble, les philosophes ne tar-
dèrent pas à l'accuser de timidité. Aux yeux des uns,
il ébranlait tout; aux yeux des autres, il cédait sur
tout; les torys lui reprochaient sa tendresse pour le
dernier des Brutus, et les whigs son admiration
pour la Charte. MM. de Bonald et Pierre Leroux
tombaient d'accord pour lui refuser le titre de philosophe; mais personne ne contestait son génie. Ce
concert de louanges et d'injures lui donnait cette
popularité plus enivrante que la gloire et à laquelle
la gloire ne succède pas toujours. Cousin a dû la

popularité à ses défauts, et la gloire à ses mérites solides.

Victor Cousin est né à Paris le 28 novembre 1792. D'après son acte de naissance, que j'ai en ma possession, il est fils d'un joaillier. On répète, dans ses biographies, qu'il est fils d'un horloger comme J.-J. Rousseau. Son père était un ouvrier joaillier qui pouvait fort bien être employé chez un horloger. Damiron m'a dit souvent que la mère était repasseuse ou blanchisseuse, et Cousin m'a raconté lui-même qu'on montait chez ses parents par un escalier qui ressemblait à une échelle. En un mot, quel que fût le métier, c'était une famille d'ouvriers pauvres. Il avait un frère, qu'on ne voyait pas et dont on n'entendait jamais parler dans son entourage. Il fut élevé, pour ainsi dire, dans le ruisseau jusqu'à l'âge de dix ans.

Au commencement d'octobre de l'année 1803, à quatre heures et demie du soir, les enfants sortaient tumultueusement du lycée Charlemagne et poursuivaient à grands cris un de leurs camarades revêtu d'une houppelande qui, à leurs yeux du moins, le rendait fort ridicule. C'était Epagomène Viguier, que j'ai connu depuis professeur de grec et directeur des études à l'École normale, le plus doux, le plus savant et le plus gauche des hommes. Il n'était alors que le plus doux et le plus gauche des écoliers. Au lieu de résister et de se défendre, il pleurait à chaudes larmes. Plus il pleurait, plus on le houspillait. Il était donc bousculé, poussé, frappé, quand un

gamin de onze ans, qui jouait dans le ruisseau, se
jeta au milieu de la mêlée et dispersa la bande des
persécuteurs en administrant aux plus acharnés une
volée de coups de poing. Mme Viguier fut informée
le soir même de cet acte d'héroïsme. Elle apprit que
le jeune vainqueur appartenait à une famille d'ouvriers, que par pur hasard il savait lire et écrire, et
qu'il vagabondait toute la journée en attendant le
moment d'entrer en apprentissage. Elle déclara qu'elle
se chargeait des frais de son instruction. Il entra au
lycée Charlemagne, marcha à pas de géant, faisant
deux classes chaque année et raflant tous les prix du
concours général. Sans cette volée de coups de poing
administrée à propos, nous en serions peut-être en
France à l'amusante et spirituelle philosophie de La
Romiguière.

M. Vapereau dit que Cousin avait rêvé, au collège,
d'être un jour musicien. Je ne sais où il a pris cette
information. Je la lui laisse sur la conscience. La
vérité est qu'il a composé, je ne sais à quelle date,
le livret d'un opéra intitulé *les Trois Flacons*, qui
devait être mis en musique par Halévy. La partition
ne fut jamais faite, et le livret ne fut jamais publié. Je
ne crois pas que Cousin ait jamais eu d'autre relation
avec la musique. Il avait eu de tels succès dans ses
classes, et les hommes étaient alors si rares, qu'on
lui offrit une place d'auditeur au Conseil d'État, ce
qui était le chemin assuré de la fortune. Il aima mieux
entrer à l'École normale, qui s'ouvrait pour la première fois en 1810, au moment où il sortait du col-

lège. On a dit qu'il fut le premier de la première pro-
motion. Il convient d'ajouter qu'il n'y avait pas alors
de concours proprement dit, et que les élèves étaient
choisis et classés par les inspecteurs généraux au
cours de leurs inspections.

Le noviciat à l'École normale durait deux ans.
Cousin ne manqua pas d'y briller au premier rang.
Il avait eu pour professeurs de rhétorique au lycée
MM. Victor Le Clerc et Villemain ; il eut encore ce
dernier pour maître de conférences à l'École normale,
et il fut chargé de le suppléer, aussitôt après avoir
fini son cours d'étude, dans la chaire de littérature
grecque. Je tiens de lui qu'on lui proposa la chaire
de philosophie du Collège communal de Rome. « Mais
je ne voulus pas, ajoutait-il, quitter le pavé de Paris. »
Le voilà donc professeur de grec à vingt ans.

On avait songé à le nommer professeur de philosophie, ce qui montre bien où en était l'enseignement de la philosophie à cette époque. Non seulement, à l'âge qu'il avait, il ne pouvait pas s'être
formé une doctrine ; mais il ne connaissait pas, même
de nom, celles des autres. C'est à peine s'il avait
attrapé quelques leçons à la volée. « J'ai fait mon
cours de philosophie à dix-neuf ans », dit-il, c'est-à-
dire dans sa seconde année d'École normale. Il n'y
avait pas de cours de philosophie dans les lycées, où
ils ne furent établis que par le règlement du 19 sep-
tembre 1809. Encore n'y eut-il qu'un cours de philosophie par académie.

Voici comment il rend compte de sa vocation phi-

losophique, dans la préface de ses *Fragments*, écrite
en 1833 : « Il est resté, et restera toujours dans
ma mémoire, avec une émotion reconnaissante, le
jour où, pour la première fois, en 1811, élève de
l'École normale, destiné à l'enseignement des lettres,
j'entendis M. La Romiguière. Ce jour décida de toute
ma vie : il m'enleva à mes premières études, qui me
promettaient des succès paisibles, pour me jeter
dans une carrière où les contrariétés et les orages ne
m'ont pas manqué. Je ne suis pas Malebranche, mais
j'éprouvai en entendant M. La Romiguière ce qu'on
dit que Malebranche éprouva en ouvrant par hasard
un traité de Descartes. » Il semble que Cousin, en
découvrant La Romiguière, découvre en même temps
la philosophie. Et c'est l'exacte vérité. On n'enseignait pas la philosophie dans les lycées; les Facultés
venaient de naître, ou de renaître, comme on voudra.
Les idéologues et toute l'école de Condillac étaient
déjà un peu oubliés; ils n'avaient jamais eu qu'un
public fort restreint. On ne savait rien de la philosophie ancienne, ni même de nos philosophes français antérieurs à Condillac. On n'apprit le nom et
l'existence de Kant que quelques années plus tard.
M. Royer-Collard, ancien greffier de la Commune de
Paris, ancien membre du conseil des Cinq-Cents,
avocat, nullement philosophe, fut nommé professeur
de philosophie en 1809. Or il faut qu'un professeur
de philosophie enseigne la philosophie; pour l'enseigner, il faut la savoir. M. Royer-Collard, qui ne la
savait pas, se promenait sur les quais à la recherche

d'un maître. Il le trouva dans l'étalage d'un bouqui-
niste. Un volume dépareillé des *Essais de philosophie*
de Reid fut pour lui ce qu'avait été Descartes pour
Malebranche, ce qu'était, presque au même moment,
La Romiguière pour Victor Cousin. La France avait
grand besoin qu'on lui ouvrît des chaires de philosophie. Elle appartenait d'avance au premier maître
qu'on lui donnerait; encore fallait-il en avoir un.
Cousin nous assure que l'École normale appartenait
à La Romiguière en 1811, et qu'elle appartint à Royer-
Collard en 1812. Il est facile de deviner par qui
l'École fut conduite à M. La Romiguière la première
année, et à M. Royer-Collard la seconde. C'est par
son professeur de grec. Il avait dès lors la vertu de
propagation qui le distingua toute sa vie.

Cousin professa le grec comme suppléant pendant
l'année 1812, et il eut, cette année-là, pour élèves
M. Paul Dubois, depuis directeur de l'École normale,
et M. Viguier, celui-là même qui avait été l'occasion
de sa première bataille dans la vie. En 1813 il fut
chargé des conférences de philosophie. La fonction
du maître de conférences consistait à suivre avec
les élèves les leçons de la Faculté des Lettres et à les
discuter ensuite avec eux. Cousin eut pour auditeurs
à l'École normale, en 1813, Bautain (l'abbé Bautain)
et Jouffroy; en 1814, Damiron. Bautain, Jouffroy,
Damiron composèrent dès lors son petit cénacle.
C'étaient des condisciples autant que des élèves.

Jouffroy, qui avait cessé de croire à l'authenticité
de la religion catholique et qui avait besoin de

croire à ses dogmes, s'attendait à les recevoir, à l'École, de la bouche des philosophes, non plus imposés par la tradition, mais démontrés par la raison. On ne lui parla, et ce fut pour lui une grande déception, que de l'origine des idées. Il était incapable alors de saisir les rapports secrets qui lient les problèmes en apparence les plus abstraits et les plus morts de la philosophie aux questions les plus vivantes et les plus pratiques. Il se plaignait avec amertume d'un enseignement qui semblait prendre à tâche d'éviter le plus grave, et peut-être le seul important des problèmes. « M. de La Romiguière avait recueilli comme un héritage la philosophie du XVIII° siècle rétrécie en un problème et ne l'avait pas étendue. Le vigoureux esprit de M. Royer-Collard, reconnaissant ce problème, s'y était enfoncé de tout son poids et n'avait pas eu le temps d'en sortir. M. Cousin, tombé au milieu de la mêlée, se battit d'abord, sauf à en chercher la solution plus tard. Toute la philosophie était dans un trou où l'on manquait d'air et où mon âme étouffait; et cependant l'autorité des maîtres et la ferveur des disciples m'imposaient, et je n'osais montrer ni ma surprise ni mon désappointement. »

Cousin, qui avait vu sur-le-champ où conduisait la question de l'origine des idées, était rempli d'enthousiasme. C'était une âme qui ne demandait qu'un prétexte pour s'enflammer, et la preuve, c'est qu'elle s'était enflammée pour les leçons de La Romiguière, qui n'étaient que spirituelles et charmantes. Après deux ans d'enseignement à l'École normale, il était déjà tout désigné pour l'enseignement public. Royer-Collard le choisit pour son suppléant en 1815 (13 novembre 1815).

1815! A cette date se place le premier épisode politique de la vie de Victor Cousin : il s'enrôla dans les volontaires royaux. Ce fut son unique campagne; elle ne fut ni brillante, ni sanglante, ni même fatigante; il alla jusqu'à Vincennes et rentra à Paris le lendemain. Elle a fait moins de bruit que le voyage à Gand de M. Guizot; il faut reconnaître qu'elle avait moins d'importance. Mon avis est que, quand le pays est menacé, il faut être avec ceux qui le défendent, quelles que soient leurs opinions politiques; mais je me rappelle aussi que Cousin n'avait pas vingt-deux ans; que le despotisme de Napoléon, bien dur à supporter pour la France, était devenu visiblement odieux et intolérable à toute l'Europe; et qu'enfin, en matière politique plus encore qu'en toute autre, il faut pardonner à ceux dont les intentions sont droites. Toute la vie de Cousin, en dépit des apparences contraires, a été conforme à cette première démarche.

Il entrait dans l'enseignement public après une préparation bien insuffisante, puisqu'elle n'avait guère duré que deux ans. Je dirai sur-le-champ qu'outre La Romiguière et Royer-Collard, il eut pour maître un homme qui ne faisait pas métier d'enseigner la philosophie, mais qui, pour le talent de l'observation intérieure, la finesse et la profondeur du sens psy-

chologique, n'avait pas d'égal en France ; c'était Maine
de Biran, le seul de ses maîtres que je n'aie pas personnellement connu. Il apprit de La Romiguière à
étudier la sensation, de Royer-Collard à étudier l'intelligence, et de Maine de Biran à étudier la volonté.

Les leçons de la première année (1815-1816) rou-
lèrent presque exclusivement sur la philosophie
écossaise. M. Cousin était soutenu dans son enseignement par les trois maîtres que je viens de nommer ; mais sa pensée allait plus vite que la leur ; il les
eut bien vite résumés, complétés et dépassés. L'Allemagne l'attirait, comme un pays nouveau et inconnu,
dont on disait des merveilles. Il apprit l'allemand,
qu'il ne sut jamais bien, et se mit à déchiffrer Kant,
avec des peines infinies, non dans le texte, mais
dans le latin barbare de Born. Il en était encore au
déchiffrement, quand il mit la philosophie de Kant
sur son affiche. Ce qu'il n'avait pas lu, il le devina.
De même qu'à la fin de 1816 il avait laissé derrière
lui Royer-Collard et Maine de Biran, il crut à la fin
de 1817 avoir dépassé la philosophie de Kant, et il
voulut aller étudier sur les lieux la nouvelle philosophie allemande, la philosophie de la nature, que
Schelling venait de fonder sur les ruines de l'école
de Kant. Tout l'attirait vers ce nouveau maître ; il
semble même qu'avant de l'avoir étudié il se sentait
porté vers cette doctrine par le courant de ses idées.

Il trouva, dit-il, l'Allemagne en feu. Prenez garde
qu'il ne parle que des philosophes et des querelles
d'écoles. D'un côté, les disciples de Kant réparaient

les lacunes de sa philosophie et la défendaient de
leur mieux contre ses détracteurs. De l'autre, l'école
de Jacobi s'efforçait d'élever la foi au-dessus de la
raison et plaçait la foi dans l'enthousiasme. La force
de Schelling était de comprendre que l'enthousiasme
appartient à la raison elle-même et n'en est qu'une
application plus pure et plus haute. Il ne vit pas
Schelling pour cette fois, mais à sa place il rencon-
tra, sans le chercher, et presque par hasard, Hegel
à Heidelberg.

Hegel n'était encore qu'un disciple distingué de
Schelling. L'Allemagne était loin de deviner qu'il
serait l'Aristote d'un autre Platon. Cousin le devina;
il dit à ses amis, en rentrant en France : « Je viens
de voir un homme de génie ». Hegel de son côté avait
deviné Cousin, ou peut-être lui avait-il su gré d'une
admiration à laquelle ses compatriotes ne l'avaient
pas encore accoutumé. C'est de cette année 1817
que date une amitié qui fut durable avec des intervalles de froideur. L'année suivante, Cousin poussa
jusqu'à Munich, où il passa un mois entre Jacobi et
Schelling. Il admire beaucoup Schelling, mais on
voit que son cœur est pour Hegel. Il a tracé un
parallèle du disciple et du maître où, malgré son
inclination secrète, il rend justice au créateur de la
philosophie de la nature. Au maître a été donnée une
invention puissante, et au disciple une réflexion profonde. Schelling est la pensée qui se développe; son
langage est, comme son regard, plein d'éclat et de
vie; il est naturellement éloquent. Hegel laisse à

2

peine tomber de rares et profondes paroles, quelque
peu énigmatiques ; sa diction forte mais embarrassée,
son visage immobile, son front couvert de nuages,
semblent l'image de la pensée qui se replie sur elle-
même. En somme, ajoute-t-il, il n'était pas d'une
amabilité extrême ; mais je l'aimais, et il m'aimait.

On pense bien que tout le cours de 1818 est
rempli de cette philosophie, dont Cousin a dit : « Elle
est vraie, elle est le vrai ». Schelling et Hegel le
mènent à Plotin : l'unité absolue aperçue sans inter-
médiaire par la pensée pure. C'est encore au nom
de cette doctrine qu'il jugera, les années suivantes,
les grandes écoles de métaphysique et de morale qui
ont rempli le XVIII⁰ siècle : l'école de Condillac, qui
se rattache à Locke, l'école écossaise, l'école allemande de Kant et de Fichte. Il les juge avec indépendance, parce qu'il se sent ou se croit maître de
son sujet, et les ramène à la philosophie de la nature,
étendue et complétée. En s'appuyant sur une analyse
psychologique qui lui fournit une base à ses yeux
inattaquable, il fait dans chaque école la part de
la vérité et de l'erreur, et donne pour la première
fois à sa méthode le nom d'éclectisme, emprunté aux
Alexandrins et à Leibniz. Ce nom est devenu depuis,
dans le langage courant, le nom de son système et
de son école.

L'année 1820 fut marquée par l'assassinat du duc
de Berry, suivi d'une réaction violente. Le pouvoir,
affolé, décida de toucher à la loi électorale, à la
liberté de la presse, et même à la liberté individuelle.

Les trois cours de Guizot, Cousin et Villemain, qui attiraient une foule considérable, où les étudiants dominaient, où se rendaient aussi des gens du monde, étaient un foyer d'agitation libérale qui ne pouvait manquer d'être suspect. On y exerçait et on y enseignait la liberté; on y faisait aimer les principes de la Révolution, non pas sans doute ceux de 1793, mais les principes de 1789, que le parti régnant affectait de confondre avec ceux de 1793 parce qu'ils avaient détruit les barrières et mis en mouvement toutes les haines. Villemain trouva grâce, à cause de certains souvenirs de 1815, et parce que son cours roulait uniquement sur la littérature. On n'osa pas du premier coup toucher Guizot, qui était notoirement un homme de gouvernement, rattaché par des liens étroits à Royer-Collard, et ancien secrétaire général de la justice. Cousin était plus jeune, sans relations de famille; il n'était que suppléant. Quoique appartenant, au fond, par goût et par principes, aux idées conservatrices, il faisait volontiers parade de son libéralisme, qui était réel; il ne fuyait pas les questions religieuses; il avait eu sur la Révolution des paroles intempérantes, grand attrait pour passionner et captiver la jeunesse libérale; il était la personnification la plus éclatante de la jeune Université et de l'École normale : on lui ôta la parole. Deux ans après, la réaction ne faisant que grandir, Guizot dut descendre de sa chaire, ce qui fut un grand événement politique et l'occasion d'une scission profonde dans les rangs de l'ancienne droite libérale. Guizot

et Royer-Collard entrèrent dans l'opposition, tandis
que de Serre se rapprochait de Villèle. Du grand
triumvirat de la Sorbonne, il ne resta que Villemain,
mais Villemain averti par les coups qu'on frappait
autour de lui, diminué par son isolement, et ayant
eu toute sa vie peu de goût pour le martyre. L'École
normale fut supprimée. Cousin, qui était philosophe,
mais peut-être encore plus professeur et orateur que
philosophe, se trouva arrêté au milieu d'une carrière
où chacun de ses pas avait été marqué par un
triomphe. Tout lui manquait à la fois, la Sorbonne
et l'École normale ; il semblait que sa vie fût perdue.
Il n'y avait pas à songer à l'enseignement libre, qui
n'existait pas, ni aux journaux, bridés, entravés,
surchargés de rédacteurs. Il n'avait pas l'allure
vive et la plume légère que réclame la profession de
journaliste. Il écrivait comme il parlait, lentement,
avec des rencontres heureuses, des envolées magnifiques, mais aussi avec une certaine solennité qui
sentait le professeur. Son goût, d'ailleurs, n'était pas
là ; il appartenait exclusivement aux idées générales.
Que faire ? Il accepta d'être précepteur du fils du
duc de Montebello, et se livra avec ardeur à des travaux d'érudition philosophique, plus profitables aux
autres qu'à lui-même, qui lui firent honneur sans
augmenter sa gloire, et ne furent pas un palliatif
pour son honorable pauvreté. Pendant les huit
années de silence qui lui furent imposées, de 1820
à 1828, il publia une bonne édition de Descartes,
une édition de Proclus, et les premiers volumes de

sa traduction de Platon, qu'il considérait alors et
qu'il a toujours considérée comme son œuvre principale. Il fut chargé en 1824 de montrer l'Allemagne
à son élève, ce qui servait admirablement ses plans,
car il lui tardait de revoir Hegel, de vivre de nouveau dans cette atmosphère d'études, de discussions,
de recherches passionnées, et de se retrouver dans le
sein d'une école à laquelle, depuis 1818, il n'avait
pas cessé d'appartenir, auprès de ceux qu'il avait
appelés, dans la dédicace du commentaire de Proclus
sur le *Parménide* : Mes amis et mes maîtres, et les
chefs de la philosophie de notre siècle.

Ce troisième voyage de Cousin en Allemagne fut
marqué par une aventure bien inattendue. Il fut
arrêté par la police prussienne, qui l'accusait de
prêcher le carbonarisme, et le soupçonnait même
d'être venu en Allemagne pour diriger un complot
contre le gouvernement. On lui fit son procès en
règle ; mais la procédure était secrète, et les pièces
mêmes ne lui étaient pas communiquées. Il resta six
mois en prison, et dut peut-être sa libération aux
démarches de Hegel, qui s'entremit avec beaucoup
de zèle et d'amitié. On peut s'imaginer ce que l'emprisonnement loin de son pays et l'incertitude de
son sort durent causer de tourments à un homme
qui s'était constamment tenu en dehors des agitations
politiques, dont l'imagination était ardente, l'humeur
impérieuse, et qui avait un besoin incessant de mouvement et d'expansion. Il raconte qu'il fut soumis à
un régime sévère, et on croira aisément qu'il ne fai-

sait pas bon, en 1824, dans les cachots de la Prusse.
Il se plaignait d'y avoir « ramassé des varices ». Je
ne doute pas qu'il ne se crût perdu jusqu'au moment
où Hegel arriva pour lui offrir son assistance. Il m'a
dit plusieurs fois, en me racontant cette aventure
avec ses plus grands airs de tragédien : « Une seule
chose me préoccupait : la traduction de Platon n'était
pas finie ! » Il comptait la vie pour rien auprès de
cela. On ne peut s'empêcher de sourire de ces alarmes
exagérées, et pourtant il faut reconnaître que ce
contretemps était cruel. Son emprisonnement dura
six mois. Il mit le temps à profit pour étudier l'allemand et lire les ouvrages de Kant, de Fichte, de
Jacobi, de Hegel. Il traduisit en français, mais seulement à titre d'exercice de langue, des vers de
Gœthe, pour lequel il avait une grande admiration,
et qu'il avait visité à Weimar.

Quand on sut en France que ce professeur déjà
illustre, malgré sa jeunesse, entouré de tant d'admi-
rations et de sympathies, dont la popularité s'était tout
naturellement accrue par sa destitution, était pour-
suivi en Prusse pour ses opinions libérales, il y eut
une explosion de colère contre le gouvernement
persécuteur, et d'enthousiasme pour le martyr. Cet
enthousiasme aurait été bien plus grand si l'on avait
su les varices. Cousin, de retour en France, se remit
simplement au travail, à sa traduction de Platon, et
ne triompha pas trop de sa position de victime. Il
s'en souvint, dans une juste mesure, lorsque M. de
Martignac lui rendit sa chaire, où il remonta en 1828,

non plus comme suppléant, mais comme adjoint de
M. Royer-Collard. « Je ne puis me défendre d'une
émotion profonde en me retrouvant dans cette chaire
à laquelle m'appela, en 1815, le choix de mon illustre
maître et ami, M. Royer-Collard. Les premiers coups
d'un pouvoir qui n'est plus m'en écartèrent; je suis
heureux et fier d'y reparaître aujourd'hui, au retour
des espérances constitutionnelles de la France (*applaudissements*), et, dans ma loyale reconnaissance,
j'éprouve le besoin d'en remercier publiquement le
roi et l'administration de mon pays.... En jetant les
yeux autour de moi, je me rendrai à moi-même ce
témoignage qu'au milieu des agitations de notre
époque, parmi les chances diverses des événements
politiques auxquels j'ai pu être mêlé, mes vœux n'ont
jamais dépassé cette enceinte. Dévoué tout entier à la
philosophie, après avoir eu l'honneur de souffrir un
peu pour elle, je viens lui consacrer, sans retour et
sans réserve, ce qui me reste de force et de vie. »

C'était un beau et noble langage, aussi habile que
noble. Il se déclarait dévoué à la liberté, au milieu
d'un auditoire tout enflammé de passions libérales;
il s'associait à la popularité, qui était immense, du
nouveau ministère; il protestait de son désintéresse-
ment; il rappelait d'un seul mot sa destitution; il
faisait aux cachots de la Prusse une allusion discrète.
Sa présence seule dans cette chaire d'où on l'avait
banni sept ans auparavant, et le voisinage de M. Guizot, qui rentrait en même temps que lui, remplis-
saient de joie ces jeunes cœurs. Ils retrouvaient leur

maître et leur idole, et le retrouvaient grandi par la persécution. La leçon fut très belle, l'enthousiasme de l'auditoire fut sans bornes. Cousin n'avait ni la solidité de Guizot, ni l'abondance de Villemain, mais il était, par son âge, trente-six ans, plus rapproché de la jeunesse; il en était le représentant, le chef, l'inspirateur. On le savait pauvre; il venait de souffrir. Il traitait toutes les grandes questions qui passionnent les hommes et qui étaient alors plus que jamais à l'ordre du jour. Il parlait de la perpétuité de la philosophie, de son histoire, de l'histoire; il refaisait en philosophe le *Discours sur l'histoire universelle,* établissant la philosophie sur la base de la psychologie, éclairant le développement de l'humanité par le développement de la pensée philosophique, assignant à la religion et à la philosophie leur rôle séparé et leur but commun, rendant à l'homme la direction des affaires humaines que Bossuet ne conférait qu'à Dieu, éblouissant, par sa théorie sur les grands hommes, des esprits encore tout remplis de l'épopée de Napoléon. Tel fut le cours de la première année, où il jeta des lueurs sur les questions les plus diverses, improvisa des doctrines, ébaucha des systèmes, poussa plus d'une fois l'audace jusqu'à la témérité, surexcita les passions de la jeunesse, et lui ouvrit de toutes parts des horizons. L'année suivante il parcourut à grands traits l'histoire des écoles; et, revenant à Locke après être remonté jusqu'à l'Orient, il fit une réfutation solide, irréfutable et, par le comble de l'art, attrayante, du sensualisme au XVIIIe siècle.

C'est là que la Révolution de 1830 arrêta son enseignement. Elle l'arrêta pour toujours.

Cousin était sincère lorsque, en remontant dans sa chaire de la Sorbonne, il exprimait sa reconnaissance au roi et au ministère Martignac. Ce ministère était libéral, en ce sens qu'il ne voulait pas revenir à l'ancien régime et à la domination du clergé; mais il était dévoué à la branche aînée des Bourbons, et professait le plus grand respect pour la religion, et même pour le clergé, quand il se renfermait dans la sphère de ses devoirs religieux et n'affectait pas la prétention de mener la politique. C'était bien là la ligne de conduite de Cousin. Il s'était enrôlé en 1815 dans les volontaires royaux. Il avait fait publiquement à plusieurs reprises l'éloge de la Charte; il le renouvela en 1826, dans un passage resté célèbre de ses *Fragments*. Il loue la Charte, dans ce passage, non seulement pour ce qu'elle contient de libéral, mais pour tout ce qu'elle contient. Il n'est pas loin de la considérer comme le dernier mot de la sagesse politique. Il ne lui reproche pas d'avoir proclamé la religion d'État; au contraire : « Il fallait qu'elle y fût ». Le mot, pour un philosophe, est passablement étrange. Pour exprimer sa situation par des noms propres, je dirai qu'il était libéral de l'école de Royer-Collard, et non de l'école de Thiers ou de Mignet. Il disait à Thiers et à Mignet : « Vous nous perdez ».

Il n'est pas de ceux qui furent, le 27, ennemis des journées de Juillet, et, le 29, partisans déclarés de ces mêmes journées. Il déplora la victoire comme il avait

déploré le combat. Il m'a répété souvent, à l'époque
où il était franchement rallié au gouvernement de la
branche cadette, qu'un changement de cabinet aurait
suffi; que la Révolution avait ébranlé le principe
monarchique sans aucun profit pour la liberté. Il fut,
comme le duc de Broglie, et pour les mêmes raisons,
simple spectateur de la lutte. Il entra même au bureau
du *Globe* pour y exprimer sa désapprobation. Comme
le duc de Broglie aussi, quand la Révolution fut un
fait accompli, tout en la regrettant, il s'y rallia.
Le public et le nouveau gouvernement lui-même le
comptèrent parmi les vainqueurs et le récompensè-
rent d'une victoire qu'il aurait empêchée s'il l'avait pu.

Que M. Guizot ait été jeté dans l'opposition en
1822 par les violences du pouvoir, c'est assurément
la preuve de la difficulté où sont souvent les contemporains de se comprendre les uns les autres. Les
petits côtés leur cachent les grands. M. Guizot était
certainement libéral, mais il était encore plus conser-
vateur. J'en dis autant de M. Cousin. Les libéraux
alors étaient surtout préoccupés de la bataille que le
clergé livrait à la philosophie. Le clergé voulait la
dominer ou la supprimer. M. Cousin, qui accordait
au clergé le titre même de religion d'État et les avantages que la Charte y attachait, qui même lui faisait
une très large part dans le gouvernement des écoles,
qui voulait un banc des évêques à la Chambre des
Pairs, maintenait cependant, contre les ultramontains, la liberté individuelle et l'indépendance de la
philosophie. Il ne cédait pas, et n'a jamais cédé sur

ces deux points. Comme il n'avait pas, sous la Restauration, de fonction politique, on ne voyait pas ou l'on remarquait à peine les concessions qu'il faisait à l'Église ; on voyait très clairement les réserves qu'il faisait pour la liberté. Le succès de son enseignement était le succès du parti libéral. Les ennemis le sentaient, et c'est pour cela qu'ils le frappèrent en 1820. Les amis le sentaient aussi, et ils le prouvaient par leurs acclamations. Sa destitution d'abord, et ensuite son emprisonnement en Prusse le sacrèrent révolutionnaire malgré lui. On a dit qu'on finit toujours par avoir les opinions qu'on est accusé d'avoir. M. Cousin, qui passe aux yeux de beaucoup de gens pour avoir été indécis et flottant dans ses opinions, me paraît, au contraire, très fidèle dans sa doctrine et très droit dans sa conduite. Ceux qui ont prétendu qu'il avait été jacobin avant d'être ministériel, l'accusent d'avoir été jacobin parce qu'on l'en a accusé. Il n'y a pas d'autre raison, si ce n'est peut-être quelqu'un de ces mots imprudents qui échappent à un homme d'imagination vive quand il passe sa vie à écrire et à parler. Oui, Cousin ne pouvait pas ôter de son cœur une certaine tendresse pour le dernier des Brutus ; mais s'il eût été du Sénat romain, et que Brutus y eût été accusé du meurtre de César, Cousin aurait condamné à mort son favori.

Il n'était, en juin 1830, que professeur adjoint à la Faculté des Lettres de Paris. Il fut, après Juillet, professeur titulaire, membre du conseil royal de

l'Instruction publique, conseiller d'État en service
extraordinaire. Il avait été élu la même année membre de l'Académie française. A la fondation de l'Académie des sciences morales et politiques, en 1832, il
fut désigné pour en faire partie. On l'appela la même
année à la pairie. Il fut ministre de l'Instruction
publique dans le cabinet de M. Thiers, en 1840.

Je n'ai pas besoin de dire dans quels sentiments
il vit venir la révolution de Février. Un témoin oculaire m'assure qu'il suivit M. Odilon Barrot en habit
de pair jusqu'aux Tuileries. L'habit de pair est invraisemblable; la promenade est certaine. Il y allait sans
doute pour assurer le roi de sa fidélité, et peut-être
pour donner son appui à ses amis, M. Thiers, M. de
Rémusat et M. Duvergier de Hauranne, qui crurent
un moment possible de faire un ministère avec le
concours d'Odilon Barrot. Il tomba, en revenant,
dans une bande d'insurgés qui faisaient une barricade et lui commandèrent d'apporter au moins une
pierre. « Je ne le puis pas, dit-il. Comment le ferais-
je? le roi vient de me nommer son ministre. » Ce
discours, et peut-être l'habit de pair, si l'habit de pair
y était, les déridèrent. Là se termina son odyssée,
qui pourtant fut plus courageuse que sa campagne
de volontaire royal en 1815. En 1815 il avait des
amis et des opinions dans les deux camps. Tout lui
échappait en 1848. On finit toujours par enrayer une
révolution, ce qui veut dire qu'on finit toujours par
ressusciter; mais il y faut plus ou moins de temps
et de peine. On avait enrayé très vite la révolution

de 1830. Celle de 1848 fut plus dure. Elle emporta, non pas une dynastie, mais la monarchie, et menaça très gravement l'ordre social tout entier. (Prenez garde à la prochaine!) Le conseil royal dissous, Cousin ne tenait plus à l'Université que par son titre de professeur à la Faculté des Lettres. Il prit sa retraite après le coup d'État de 1851 (le 7 mai 1852). On lui laissa son logement, que Turgot avait habité avant lui comme prieur de Sorbonne. Il ne s'occupa plus que des livres qu'il écrivait et de ceux qu'il possédait. Il mourut à Cannes, le 13 janvier 1867.

CHAPITRE II

LA PHILOSOPHIE

Pierre Leroux a fait contre Cousin un pamphlet très spirituel, très amusant, et souverainement injuste. Il lui reproche, naturellement, d'être éclectique; il lui reproche aussi de ne pas l'être. « Cousin, dit-il, se déclare éclectique; il affirme qu'il a eu trois maîtres, La Romiguière, Royer-Collard et Maine de Biran. Il a emprunté quelque chose aux deux derniers, et au premier, rien du tout. Que devient alors le fameux principe que tout système est vrai par ce qu'il affirme, et faux par ce qu'il nie? » Pierre Leroux se trompe complètement. Cousin a emprunté beaucoup à La Romiguière; il lui a emprunté d'abord l'habitude de l'observation psychologique; et ensuite il a appris de lui à étudier et à connaître les phénomènes de la sensibilité. Il lui doit plus qu'à ses autres maîtres, puisqu'il lui doit l'initiation, la méthode et une grande partie des faits de la nature humaine sur

lesquels il appuie son système. La Romiguière lui a
appris la sensation, Royer-Collard l'intelligence, et
Maine de Biran la volonté. Ou plutôt ils lui ont
ouvert l'esprit, fourni des indications. Ce sont ses
réflexions personnelles qui lui ont montré l'homme
éveillé d'abord par la sensation, appliquant à la sensation les lois de sa pensée, et prenant volontaire-
ment possession de lui-même pour juger et diriger
ses propres actes.

Pierre Leroux reconnaît ailleurs que l'homme de
Cousin est sensation, intelligence, volonté. Mais ce
sont trois hommes, dit-il; trois hommes étudiés séparément, et qui vivraient aussi séparément, si, dans
cet isolement, ils pouvaient vivre. Il est difficile de
méconnaître plus complètement la doctrine que l'on
combat. Cousin ne cesse de répéter que l'homme
est tout entier dans tous les phénomènes dont il est
le théâtre, la cause et le spectateur. Sa réflexion est
plus ou moins forte, mais elle est toujours excitée,
et les phénomènes qui se produiraient en lui sans
retentir dans sa conscience seraient comme s'ils
n'étaient pas. Toute analyse est distinction, mais
toute distinction n'est pas séparation. La simulta-
néité de nos impressions, de nos actes et de nos
aperceptions est une des plus grandes difficultés de
la psychologie. L'observateur décrit la sensation,
mais il la voit puisqu'il la décrit, et il y est attentif
puisqu'il lui applique sa méthode. Cousin le sait, il
le dit; il fait, après l'analyse, la synthèse. Quand
il a montré à part chaque phase du phénomène, il

montre qu'aucune d'elles ne serait possible dans cet isolement, et, après avoir séparé, il rassemble.

Ce qu'on pourrait peut-être dire de Cousin, c'est que, s'il était observateur sagace, et quelquefois profond, il n'était pas observateur patient. Il a bien compris l'importance de la psychologie, il en a fait la base de toute sa philosophie; mais il n'a pas passé, comme Jouffroy et Maine de Biran, de longues années à regarder en lui-même. Dans ses premières années d'enseignement à l'École normale, il ne sortait pas de la question de l'origine des idées, question psychologique s'il en fut, et Jouffroy, qui alors était son élève, et qui était surtout préoccupé du problème de la destinée humaine, disait mélancoliquement : « Il met la philosophie dans un trou ». Jouffroy a fini par s'accoutumer à ce trou et par y rester, tandis que Cousin traversait d'un bond l'école écossaise et allait en Allemagne se faire initier à la philosophie de la nature.

Cousin avait appris au collège le grec et le latin, qu'on y enseignait. Il n'y avait pas appris la philosophie, parce qu'on ne l'y enseignait pas; et, par la même raison, il n'y avait appris ni l'anglais ni l'allemand. Quelques personnes, en France, savaient l'anglais; mais l'allemand et l'Allemagne étaient complètement inconnus. Or il était impossible que Cousin restât dans cette ignorance. Il était, à la Sorbonne, professeur, non de philosophie, mais d'histoire de la philosophie. Il avait lu Mme de Staël. Il savait que l'Allemagne était devenue un puissant foyer d'idées;

s'il ne connaissait pas la doctrine de Kant, il connaissait au moins le bruit qu'elle faisait et l'ébran-
lement qu'elle avait produit; il rougissait, un peu
pour notre pays, beaucoup pour lui-même, de ne
connaître un mouvement si considérable que par
ouï-dire. Une grande curiosité et un point d'honneur
très bien placé l'appelaient en Allemagne. Il commença par apprendre l'allemand; il l'apprit très mal;
et par étudier Kant, dans le latin barbare de Born.
Cela lui constituait un très mince bagage, avec lequel
il se présenta de l'autre côté du Rhin en 1817.

Il y trouvait un monde bien différent de notre
paisible Sorbonne, où l'on en était à démontrer qu'il
n'y a rien dans l'intelligence qui n'ait été dans les
sens, excepté l'intelligence elle-même. Kant était
mort depuis treize ans. Mais il avait des disciples
dans toute l'Allemagne, et les philosophes mêmes
qui fondaient des écoles rivales étaient tout remplis
de lui. Tous s'évertuaient à trouver le moyen de
démontrer l'existence du non-moi, problème qui portait le trouble dans l'âme de tous les psychologues et
laissait parfaitement paisible le reste du monde. Kant
pensait, comme Platon, comme Aristote, comme
Descartes, comme Leibniz et comme M. Cousin,
que la raison ne résultait pas de la sensation, mais
qu'au contraire la raison, éveillée par la sensation,
formait les idées contingentes, les gouvernait et les
enchaînait en les soumettant aux idées nécessaires.
Il étudiait et classait ces idées nécessaires, et plus
il les sentait nécessaires, plus il lui paraissait diffi-

cile de savoir si cette nécessité, au moi imposée et à
laquelle il ne peut se soustraire, établissait autre
chose que l'existence et la façon d'être du moi.
Il n'est pas impossible que nous soyons faits pour
croire à l'existence d'un non-moi imaginaire. Berkeley avait fait cette hypothèse; il s'était dit ensuite
que nous n'avions aucun moyen de sortir du moi
pour juger le moi; que par conséquent le non-moi
ne serait jamais qu'une vraisemblance. Il y avait,
suivant Berkeley, beaucoup de chances pour que le
non-moi fût un rêve; mais rêve ou réalité, que nous
importe, disait-il, puisque le rêve produit sur nous
le même effet que la réalité pourrait produire? Kant
ne se contentait pas si aisément. Il voulait être sûr
de son fait, et il avait trouvé dans la raison pratique
et les principes de la morale un moyen de se rassurer qui ne paraissait suffisant ni à Jacobi ni à Schelling. Cousin retourna en Allemagne en 1818. Il y
retourna en 1824, ce qui, comme nous l'avons vu,
lui coûta cher. Il vit tous les professeurs, ceux qui
restaient fidèles à la solution de Kant et ceux qui
se frayaient une voie nouvelle. Il fut partout bien
accueilli. Ces savants hommes faisaient bon accueil à
ce jeune barbare, qui venait parmi eux chercher la
lumière. Il resta assez longtemps auprès de Jacobi,
qui le charmait par la facilité de son commerce et la
grâce de sa parole; il s'attacha particulièrement à
Hegel, qui ne le rebuta pas par sa forme abrupte et
son caractère un peu sauvage, et dont il se vante
d'avoir le premier deviné le génie et les hautes

destinées. Il entra aussi en relations suivies avec
Schleiermacher, qui était surtout un érudit, mais cet
érudit était doublé d'un philosophe, comme Cousin
lui-même, en vertu de ses tendances éclectiques,
était ou voulait être un érudit. Il se laissa imprégner
des idées allemandes, passionner pour les idées et
les habitudes allemandes et pour le problème allemand par excellence, qui était alors le fameux problème de Kant. Hegel, qui ne savait pas se retourner,
admirait la souplesse de ce jeune Français qui, à son
entrée en Allemagne, n'était guère qu'un disciple de
Reid et de Dugald Stewart, et qui maintenant comprenait à peu près Kant, Fichte, Jacobi, Schelling,
Hegel lui-même, et se croyait en état de les juger.
Cousin, de retour à Paris, se trouva un homme nouveau. Sans abandonner l'école écossaise et Maine de
Biran, il introduisit dans son enseignement toutes
les idées qui s'agitaient outre-Rhin, en y ajoutant
même quelques idées qu'il regardait comme ses
découvertes, et qui, selon lui, devaient rendre la
conquête du non-moi définitive.

La principale de ces idées était l'impersonnalité de
la raison humaine. Pour arriver à l'établir, il passait
d'abord en revue les diverses catégories de la raison,
et les réduisait à deux, le principe de substance et
le principe de causalité. « La raison n'est pas autre
chose que l'action des deux grandes lois de la causalité et de la substance. »

Quand j'applique ma réflexion à l'un des actes de
mon intelligence, je m'aperçois aussitôt qu'il m'est

impossible de concevoir un phénomène sans le placer dans une substance et sans le rapporter à une cause; mais, dit Kant, cette impossibilité est une loi imposée à mon intelligence; je constate que je suis ainsi fait; cela ne prouve pas l'existence en dehors de moi de cette substance et de cette cause. C'est, répond Cousin, que Kant ne voit les principes de la raison que dans leur manifestation psychologique; il voit que je les vois et que je ne puis pas ne pas les voir; il ne les voit pas en eux-mêmes, en dehors de l'intelligence qu'ils éclairent. Kant est un philosophe et un psychologue; il est même le plus grand des psychologues; il réfléchit profondément sur les formes de sa pensée, et il en discerne tous les éléments et toutes les nuances. Il oublie, ou ne voit pas, un état de l'humanité antérieur à la réflexion, et que Cousin appelle la spontanéité, pendant lequel nous apercevons les principes de la raison en eux-mêmes, non comme les lois nécessaires de notre pensée, mais comme des vérités absolues qui subsistent par elles-mêmes, et n'ont pas besoin, pour être, d'être conçues. Cette perception spontanée des vérités absolues, qui fonde la foi de l'humanité, permet aux philosophes d'échapper aux étreintes du scepticisme de Kant.

Il est sans doute difficile de se rendre compte de la spontanéité, parce qu'aussitôt qu'on l'étudie, elle disparaît et fait place à la réflexion. Mais elle existe évidemment au début de toute vie intellectuelle; elle se reproduit, par intervalles, dans le cours de la vie, après que l'homme a commencé à réfléchir, et le philosophe peut même la retrouver par un effort suprême, semblable à ces éclairs dont parle Aristote dans le 12ᵉ livre de la *Métaphysique,* et qui traversent par instants notre obscurité. Ainsi le non-moi cesse de nous apparaître comme une hypothèse, et devient une réalité.

« La raison est en quelque sorte le pont jeté entre la psychologie et l'ontologie, entre la conscience et l'être; elle pose à la fois sur l'une et sur l'autre; elle descend de Dieu et s'incline vers l'homme; elle apparaît à la conscience comme un hôte qui lui apporte des nouvelles d'un monde inconnu, dont il lui donne à la fois et l'idée et le besoin. »

Quand la philosophie, après avoir traversé la réflexion, revient à la spontanéité, elle y apporte l'éclat de la lumière. « L'harmonie universelle entre dans la pensée de l'homme, l'étend et la pacifie. Le divorce de l'ontologie et de la psychologie, de la spéculation et de l'observation, de la science et du sens commun, expire dans une méthode qui arrive à la spéculation par l'observation, à l'ontologie par la psychologie, pour affirmer ensuite l'observation par la spéculation, la psychologie par l'ontologie, et qui, partant des données immédiates de la conscience dont est fait le sens commun du genre humain, en tire la science, qui ne contient rien de plus que le sens commun, mais l'élève à une forme plus sévère et plus pure, et lui rend compte de lui-même. »

Cousin, que je ne fais que citer, parlait ainsi au grand public. On l'accusait d'être nuageux. C'était

la faute de son public et de sa situation, plutôt que
la sienne. Il était clair, et même très clair, mais
d'une clarté de métaphysicien, qui n'est pas celle
de tout le monde. L'éclat de son éloquence attirait
la foule; et les pensées qu'il exprimait ne s'adres-
saient qu'à une élite.

Une fois en sécurité sur l'existence du non-moi,
grâce à l'impersonnalité de la raison, et l'ontologie
ayant désormais par cette découverte un fondement
solide, il s'agit de l'organiser comme science, et
d'abord de trouver Dieu. Nous le trouverons aisément, car il suffit, pour qu'il soit, que nous en ayons
l'idée.

Dieu est dans tout acte intellectuel. L'homme ne
peut penser sans se penser, ni se penser sans penser
le non-moi, ni concevoir le moi et le non-moi autrement que comme des causes, ni concevoir ces causes
autrement que dans une substance; et comme cela
fait deux causes et deux substances, et que ces
causes ne peuvent être vraiment substantielles, tant
parce que leur phénoménalité et leur contingence
manifeste leur ôtent tout caractère absolu et substan-
tiel, que parce que, étant deux, elles se limitent
l'une par l'autre et s'excluent ainsi du rang de substance, il faut que la raison les rapporte à une
cause substantielle unique, au delà de laquelle il
n'y a plus rien à chercher relativement à l'existence, c'est-à-dire en fait de cause et de substance,
« car l'existence est l'identité des deux ». Nous
sommes donc en possession du moi, du non-moi et

de Dieu dès notre premier acte intellectuel, ce que Cousin exprime par cette formule : « Dès le premier fait de conscience, l'unité psychologique dans sa triplicité se rencontre, pour ainsi dire, vis-à-vis de l'unité ontologique dans sa triplicité parallèle », qui est le fini, l'infini et leur rapport.

Dieu nous apparaît là comme substance et cause du monde, parce que le monde ne peut être que dans une substance et par une cause. D'autre part, Dieu peut-il exister sans le monde? L'infini se peut-il concevoir sans le fini? la cause sans l'effet? la cause absolue, sans l'effet total? Si, par impossible, on se figure Dieu sans le monde, c'est un Dieu qui peut être cause, et qui ne l'est pas. Il y a en lui, comme dans le monde, du devenir. Il y a du mouvement, de la variété, de l'avant et de l'après, toutes idées inconciliables avec celle de l'absolue perfection. « Le Dieu de la conscience n'est pas un Dieu abstrait, un roi solitaire, relégué par delà la création sur le trône d'une éternité silencieuse et d'une existence absolue qui ressemble au néant même de l'existence. C'est un Dieu à la fois vrai et réel, à la fois substance et cause, toujours substance et toujours cause, n'étant substance qu'en tant que cause, et cause qu'en tant que substance, c'est-à-dire étant cause absolue; un et plusieurs, éternité et temps, espace et nombre, essence et vie, individualité et totalité; principe, fin et milieu; au sommet de l'être et à son plus humble degré; infini et fini tout ensemble; triple enfin, c'est-à-dire à la fois Dieu, nature et humanité. »

Cette phrase est restée célèbre, parce qu'elle a retenti dans bien des sermons dirigés contre l'éclectisme. Elle est sans doute magnifique. Toute cette doctrine de Cousin est exposée dans un grand style. Il semble obscur, parce que les idées sont nouvelles et abstraites. Il est pompeux, parce que cela convient à la majesté du sujet, et parce que l'âme s'émeut et s'élève, en présence de ce qui est grand et nouveau. *Avia Pieridum.* Les ennemis de M. Cousin ont voulu y voir le panthéisme, et il est bien difficile de ne pas leur donner raison. Qu'est-ce que le panthéisme, sinon la croyance à l'unité de la substance et de la cause, *natura naturans?* Et qu'est-ce que Dieu, à la fois Dieu, nature et humanité, si ce n'est le Dieu même de Spinoza? Si Dieu n'est pas tout, il n'est rien, c'est Cousin qui le dit. Donc, Dieu est tout. Il dit ailleurs que Dieu ne peut être, sans être compréhensible, ni être compréhensible sans enfermer en lui, avec l'unité et l'immuabilité, la diversité et le mouvement, c'est-à-dire le monde. « Si Dieu est absolument indivisible en soi, il est inaccessible, et par conséquent incompréhensible, et son incompréhensibilité est sa destruction. »

Cousin semble revenir plus tard au Dieu incompréhensible de l'Église chrétienne, à l'unité absolue de l'École alexandrine et de l'École éléate, à la doctrine de la création, et même de la création *ex nihilo.* Mais cette création n'établit pas une séparation entre les deux substances. Dieu crée, et il crée de rien, dit-il, comme je crée moi-même mes propres actes, qui sont créés de rien, puisqu'ils sont le produit de ma volonté libre. Cette comparaison, en interprétant le mot de création, le détruit. Le monde, dans ces conditions, est distinct de Dieu sans en être séparé, et la liberté de mes actes, qu'on invoque, n'existe en moi, en vertu du système, qu'à cause de mon imperfection. Dieu, qui, dit-on, ne pouvait pas ne pas créer, ne pouvait pas non plus créer autrement.

Après avoir décrit et expliqué l'homme, Cousin décrit et explique l'espèce humaine ; comme il a raconté l'histoire de l'homme, il raconte celle de l'espèce. Il y trouve les mêmes lois et le même progrès. De même qu'il a passé, dans l'homme, de la psychologie à l'ontologie, il commence l'histoire de l'humanité par l'histoire de la pensée, c'est-à-dire par l'histoire de la science. La science divine, qui est le verbe ou le λόγος, adéquate à la perfection et parfaite comme elle, embrasse la totalité de l'être, et est la totalité de la science ; tandis que la science humaine, qui aspire à la science divine, et y tend sans cesse par ses efforts et ses développements, est progressive, au lieu d'être parfaite. Elle est dans le mouvement, comme tout ce qui est fini. Elle part du plus bas pour arriver au plus haut. Elle s'attache d'abord à la sensation, puis, prenant des forces, elle étudie la raison, et passe du sensualisme à l'idéalisme. C'est là que le doute la saisit, parce que les problèmes redoutables se dressent en foule devant elle. Elle doute de la raison, non seulement à cause de ses contradictions apparentes, mais à cause même de son caractère de nécessité, de sa subjectivité. Mais, comme elle ne peut vivre dans le doute, elle en sort par l'intuition-spontanée de la vérité, soit que cette intuition provienne de la religion, de la poésie (même chose), ou qu'elle provienne de la philosophie arrivée à sa forme la plus parfaite par l'expiration de la personnalité. Tels sont les quatre grands systèmes qui remplissent l'histoire de la pensée : le sensualisme, l'idéalisme, le scepticisme et le mysticisme.

Ils remplissent aussi l'histoire des sociétés. Elles commencent par la foi naïve, elles passent par les époques d'analyse et de discussion, qui aboutissent elles-mêmes à la critique et à la négation; et elles se sauvent enfin par l'affirmation d'une foi supérieure. La forme la plus parfaite de la philosophie et de la société résulte de la conciliation dans une synthèse définitive de tous les éléments des périodes précédentes. Un homme se lève qui, écrivain, général ou législateur, exerce sur l'humanité assez d'empire pour la faire marcher de la décadence à la renaissance, de la renaissance à la critique, et de la critique à la pleine possession d'elle-même. Le rôle des grands hommes est providentiel; par eux, Dieu remplit ses desseins. Le signe du génie est succès. L'humanité, à ses débuts, est simple parce qu'elle est près de la nature; elle devient complexe quand les progrès de la civilisation et de la raison amènent le progrès des sciences et des arts; l'analyse philosophique, en généralisant les lumières, en établissant la démocratie, en abattant les barrières, en

supprimant les préjugés, et en mettant au nombre
des préjugés les religions et les traditions, remplace
la période de création par la période d'érudition. Le
progrès consiste alors à faire revivre les différences,
en les coordonnant. C'est l'ère des gouvernements
constitutionnels. Napoléon, qui supprima les initia-
tives individuelles, n'avait fait qu'une unité factice ;
la Charte établit la vraie unité en reconnaissant, en
consacrant les différences, en les subordonnant à la
justice, et en les plaçant dans une hiérarchie savante
et bienfaisante. La Restauration a eu le tort de remplacer la hiérarchie des droits par le renouvelle-
ment des privilèges ; elle a rendu presque inévitable
la révolution de Juillet. A leur tour, les vainqueurs
de Juillet ont eu le tort de faire une révolution, au
lieu d'une simple évolution. Il fallait garder la
branche aînée, en lui imposant le joug salutaire de
la justice. La Charte, après 1830, est diminuée,
en ce que la transmission du pouvoir royal devient
moins infaillible ; elle est améliorée, en ce que l'égalité dans la diversité est consacrée d'une manière
plus efficace. Le devoir des bons citoyens et des
philosophes est d'adhérer à une forme de gouvernement qui, par l'ordre et la liberté solidement établis, rend les conquêtes de la raison définitives.

Tel est, dans son ensemble, le système de M. Cousin : la psychologie comme point de départ, l'éclectisme comme méthode ; comme doctrines, la réduction
des catégories de la raison aux principes de substance et de causalité, l'existence du non-moi fondée

sur l'impersonnalité de la raison; un Dieu libre,
intelligent, personnel, cause nécessaire et nécessairement cause; une morale ayant pour condition la
liberté, pour règle le devoir, pour sanction l'immortalité de l'âme; comme philosophie de l'histoire de
la philosophie, la succession constante et régulière
des quatre systèmes primordiaux; comme philosophie de l'histoire de l'humanité, la glorification du
succès; et comme organisation politique, au lieu de
la variété sans unité, qui est l'anarchie, ou de l'unité
sans variété, qui est le despotisme, l'unité dans la
variété, qui est la société organisée sur le plan de
la nature.

Ce système embrasse tout. Il parcourt le cycle
entier de la philosophie, depuis la métaphysique
jusqu'à la politique. Il résout tous les problèmes qui
divisaient les esprits au début de ce siècle. Il réfute
la doctrine de Locke, remise en honneur, avec de
grandes modifications, par Condillac et les idéologues; il résout, ou prétend résoudre, le problème
capital posé par Kant aux psychologues et aux métaphysiciens; il se prononce sur les rapports de Dieu
avec le monde, sur la loi de la vie humaine, et sur
la loi des sociétés humaines. De même qu'il agite
toutes les questions, il interroge toutes les écoles,
les écoles françaises contemporaines, l'école écossaise, les écoles allemandes, les écoles françaises et
étrangères du XVIII° et du XVII° siècle, le moyen âge,
l'école d'Alexandrie très particulièrement, les écoles
grecques, la philosophie orientale. Comme il a la

prétention en matière de doctrine que chaque système est vrai par ce qu'il affirme, et faux seulement
par ce qu'il nie, que tout système contient une por-
tion de la vérité, que tous les systèmes réunis con-
tiennent toute la vérité, qu'il ne s'agit plus de la
découvrir, mais seulement d'en réunir les parties
éparses, il prétend aussi dans la politique qu'il y a
du droit dans toutes les formes de gouvernement,
mêlé à de l'injustice, quand un des éléments si com-
plexes dont la société se compose est oublié, sacrifié,
ou placé dans un rang que la nature ne lui assigne
pas. Il faut prendre à l'un le principe de la stabilité,
de la perpétuité, de l'autorité; à l'autre, le principe du progrès; consacrer une aristocratie, légitime dans certaines conditions, et d'ailleurs nécessaire au bon fonctionnement du pouvoir; donner à
la démocratie l'égalité devant la justice, le droit et
les moyens de s'élever par la capacité et le travail;
en un mot, former un gouvernement qui fasse vivre
ensemble les gouvernements habitués à se combattre.
Ce système, où toutes les questions sont résolues
d'après les mêmes principes et la même méthode, est
l'éclectisme. C'est se tromper absolument, de dire
que M. Cousin n'a donné que les fragments d'un
système et des fragments souvent contradictoires.
Il y a peu de systèmes aussi complets, embrassant
autant de détails, et les ramenant avec tant de facilité
et de fidélité à un principe unique. Je rends justice
à la beauté, à l'étendue et à la belle ordonnance du
système; et en même temps je crois qu'un grand

nombre des propositions dont cette philosophie se
compose sont fausses ou contestables.

— Je suis complètement d'accord avec M. Cousin
dans sa réfutation de Locke. Au moment où il l'a
faite, Locke était chez nous une puissance. Il lui
rend justice, et il la lui fait. Le Locke qu'il décrit est
le véritable Locke. C'est bien là ce sage, ce modéré,
aux intentions droites, à la doctrine bienveillante;
c'est là cet observateur sagace, laborieux, étranger
à tout préjugé, ne recherchant pas la nouveauté et
ne la fuyant pas quand elle se présente, fidèle au bon
sens dans ce qu'il a d'utile et de vrai, et aussi dans
ce qu'il a de superficiel et de vulgaire, semblable
à ces puissants philosophes dont parle Joseph de
Maistre, qui ont peur des esprits et se croient des
hommes pratiques par excellence parce qu'ils ne
voient jamais que la moitié de la réalité. M. Royer-
Collard avait déjà revendiqué avec autorité les droits
de la raison; M. Cousin le fit avec éclat, et cette
réfutation, qui dans la bouche de tout autre aurait
été aride, fut attrayante et toute-puissante dans la
sienne.

Il croyait avoir fait faire un grand pas à la psychologie en réduisant à deux les principes de la raison
et en ne conservant comme irréductibles que la causalité et la substance. Je crois avec lui que les sens
ne nous donnent pas la cause; ils ne nous donnent
que les phénomènes. La conscience peut nous donner
la cause en même temps que la succession des phénomènes psychologiques; mais elle ne nous donne

pas cette conception qu'aucun phénomène ne peut se produire, si ce n'est par une cause et dans une substance, car il n'y a rien, ni dans la conscience ni dans les sens, qui contienne expressément ou virtuellement la nécessité. Mais je demande à M. Cousin s'il n'en est pas de même du juste et du beau.

Les sens et la conscience ne me donnent que le plaisir et la douleur. Ils ne me suggéreront jamais le sacrifice. Ils ne m'en démontreront pas la nécessité, parce que rien de nécessaire ne résulte de leurs opérations. On peut, en réunissant des observations, former une loi générale; mais si la loi est ainsi formée, elle n'est qu'un résumé, un total; elle n'est pas une règle. La voix qui me commande, en certains cas, de préférer la douleur au plaisir, et de sacrifier mon intérêt, et même ma vie à l'intérêt général, est une voix intérieure qui retentit au fond de ma raison et qui parle un autre langage que celui du monde. J'ai appris à l'école de M. Cousin que le devoir s'impose à la liberté dès qu'elle s'exerce, et qu'il ne peut pas se conclure de la liberté, puisqu'il en est le souverain maître. Comment ce principe, qui ne me vient que de la raison, peut-il dériver du principe de la causalité ou du principe des substances, si ce n'est par cette raison métaphysique qu'une idée est nécessairement dans une substance, et l'idée éternelle dans la substance éternelle? Je veux bien qu'elle soit dans la substance, mais l'idée que j'en ai est une idée absolument différente de l'idée que j'ai de la substance. Elle diffère tout autant de l'idée que j'ai de la cause, quoique je puisse être amené, par une série de spéculations philosophiques, à penser qu'il n'y a d'autre réalité, ni par conséquent d'autre production, ni d'autre cause, que ce qui est dans l'ordre du bien. Cette spéculation même, par laquelle on voudrait réduire l'idée du bien à l'idée de cause, part de l'idée du bien et résulte de l'aperception de plus en plus vive et précise qu'on s'en forme par la réflexion. J'en dis autant de l'idée du beau, qui est autre chose que le sentiment du présent et de l'agréable. Ce n'est pas par l'expérience répétée de mes sensations que je fais l'éducation de mes sens; c'est par la conception d'un idéal, indépendant de moi et de toute intelligence humaine, idéal que l'humanité arrive à mieux comprendre à mesure qu'elle s'élève et s'épure, mais qu'elle ne peut ni produire ni changer.

M. Cousin attachait naturellement une très grande importance à la solution qu'il croyait avoir trouvée du fameux problème de Kant. Il avait, avec raison, distingué deux états dans les phénomènes psychologiques : l'état spontané et l'état réfléchi. Le phénomène se produit d'abord dans le premier état, c'est-à-dire que nous voyons qu'il se produit, mais, en quelque sorte, sans y prendre garde, et tout aussitôt, par une réaction toute naturelle qui n'exige de notre part aucun effort de volonté, nous en prenons une possession plus complète. Ce qui rend difficile cette analyse des deux états de l'âme successifs, c'est que l'attention n'est pas complètement absente, même des phénomènes auxquels nous ne sommes pas atten-

tifs. Si l'âme ne les apercevait en aucune façon, ils
seraient en elle absolument comme s'ils n'y étaient
pas. Elle en a, dans l'état de spontanéité, une conception confuse, et, dans l'état de réflexion, une conception précise. Ce n'est qu'une différence de degré,
une nuance plutôt qu'une différence. Je vais, pour
me faire entendre, pousser les deux situations jusqu'à leur extrémité. Il arrive quelquefois qu'on nous
dit un mot que nous n'entendons pas. Notre interlocuteur a fermé les lèvres quand nous nous apercevons
de ce qu'il a dit. Entre la sensation que le mot pro-
noncé avait produite, et la connaissance que nous
avons de l'existence en nous de cette sensation, il
s'est passé un intervalle, et, si cette connaissance n'a
succédé ainsi qu'après un intervalle à la modification de notre sensibilité qui en est l'objet, ce n'est
pas par un effet de notre volonté, puisque notre
volonté ne pouvait être excitée par un phénomène
qui, pour notre conscience, n'existait pas. Il paraît
bien dans cet exemple qu'une sensation et une idée
peuvent se produire en nous spontanément. Sup-
posons qu'au même moment notre attention soit
détournée sur un autre objet; cette idée, purement
spontanée, aura traversé notre esprit comme un rêve,
et le plus souvent sans laisser aucune trace dans
notre mémoire. Le cas le plus opposé à celui-là
résulte de l'observation méthodique. Non seulement
nous sommes attentifs à une impression parce qu'elle
est vive et qu'elle suscite en nous la volonté d'y insister et de nous en rendre bien compte, mais nous

prenons la résolution d'en connaître scientifiquement la nature et le caractère, et pour cela nous la retenons, nous la produisons, nous la modifions, en recherchant son origine, en notant ses variations, et en comparant ses différents aspects. Voilà un fait spontané et un fait réfléchi très différents. On peut aisément remplir par la pensée l'intervalle qui les sépare. Cette remarque est ingénieuse, et on peut en tirer des conséquences intéressantes en psychologie ; il semble cependant qu'il ne s'agit pas à proprement parler de deux états de l'âme, mais de deux nuances dans le même état, car, même dans l'état spontané, l'âme est attentive, quoiqu'elle ne donne qu'une attention distraite. La réflexion n'est en quelque sorte qu'une attention redoublée. Or, si je ne me trompe pas en cela, et si, en effet, une impression non aperçue est une impression nulle, il s'ensuit que la dualité existe dans toute impression psychologique, et si la dualité existe, le problème existe aussi, et il est aussi difficile à résoudre pour l'état spontané que pour l'état réfléchi.

Ce que je dis là, surtout pour les impressions sensibles, n'est pas moins vrai pour les idées de la raison. Certaines idées se présentent à nous par la force naturelle de la raison ; c'est la doctrine de tous les philosophes rationalistes ; elles ne peuvent se présenter et nous apparaître qu'à l'occasion d'un phénomène. En d'autres termes, sans la raison, elles n'existeraient pas ; sans le phénomène, on ne les verrait pas. C'est l'enseignement même de M. Cousin. La raison est la faculté de l'infini, comme les sens et la

conscience sont les facultés du fini; mais les sens et
la conscience ne peuvent produire une idée sans
la raison, et la raison ne peut apercevoir les idées
qui sont en elle sans les facultés discursives. Tout
l'homme est dans chaque phénomène de l'homme,
sensation, intelligence, volonté, et toute l'intelligence
est dans chaque phénomène intellectuel, les sens, la
conscience, la raison; le fini, l'infini et leur rapport.
Cousin voit bien l'unité de l'homme; il la proclame
très haut; mais il en voit aussi la variété; il la constate avec le même soin. En psychologie, en métaphysique, en histoire, en politique, son étude constante est de découvrir l'unité dans la variété, et la
variété dans l'unité; de distinguer, d'analyser, sans
séparer; d'examiner l'un après l'autre les divers éléments de la vie, mais en insistant sur ce point capital :
que tous ces éléments coexistent dans la vie et dans
chaque phénomène de la vie, qu'ils y concourent, et
que la vie n'est pas autre chose que le développement
simultané de toutes les facultés qui nous constituent.
Si c'est là sa doctrine, et on n'en saurait douter, comment peut-il nous parler d'une conscience qui expire
et d'une raison qui embrasse les vérités éternelles
sans aucune intervention du moi et de la conscience?
En parlant ainsi, il n'est plus de l'école de Descartes, il est le disciple de Proclus. Ce n'est plus le
langage d'un rationaliste, c'est celui d'un mystique.
Il met un mot à la place d'une idée. Quand la conscience expire, l'homme expire. Il n'y a que la
pensée de Dieu dont on ait pu dire que la pensée

est la pensée de la pensée, parce que, se pensant elle-même, et ne pensant qu'elle-même, elle n'a aucun objet distinct de soi. Encore les Alexandrins, venus après Aristote, ont-ils placé la pensée au second rang de la trinité divine, par cette raison qu'il y a un sujet et un objet dans tout acte intellectuel, lors même que le sujet pensant et l'objet pensé sont un seul et même infini. Je dis que l'expiration de la conscience est l'expiration de la connaissance. Que cette intuition spontanée soit antérieure à la réflexion, comme elle l'est en effet, ou qu'elle se produise après la réflexion par une sorte d'inspiration, comme l'ἕνωσις des Alexandrins, Cousin ne peut en appeler ni au premier état, car ce serait subordonner la philosophie à l'ignorance, ni au second, car ce serait supprimer la raison au profit du mysticisme. Sa solution n'est qu'une illusion. En affirmant que toute pensée contient l'aperception inséparable du moi et du non-moi, et que l'aperception de tout phénomène interne ou externe suppose l'affirmation simultanée d'une substance qui le contient et le produit, Cousin n'échappe à la difficulté du passage du moi au non-moi et à celle de la création du fini par l'infini, qu'en y substituant la difficulté plus grande de la confusion du moi et du non-moi, du fini et de l'infini dans l'unité de la substance et de la cause.

En vérité, la philosophie constate, décrit, analyse, plutôt qu'elle n'explique. Elle rapporte un phénomène à sa cause; ce n'est pas une explication complète, ce n'est qu'un commencement d'explication,

mais c'est tout ce qu'elle peut faire. Le *comment* lui
échappe en tout. Je suis certain que le monde étant
fini n'existe pas par lui-même, et qu'il existe par
l'opération de l'infini. Mais comment l'infini produit-
il le fini, je l'ignore. Il faut que je commence en tout
par un acte de foi, ou que je me réfugie dans le scepticisme. Je n'ai d'autre réponse au problème de Kant,
et à celui que Cousin va se poser tout à l'heure sur
la création, que la réponse de Galilée : Le monde
tourne !

Pendant que les philosophes s'efforçaient de retrouver le monde que Kant leur avait ravi, beaucoup
d'esprits sérieux, qui n'avaient aucun doute sur l'existence du monde, en avaient beaucoup sur l'existence
de Dieu. La France, pendant quelques années, avait
été sans culte, ou n'avait eu qu'un culte clandestin.
Elle avait été sans écoles. Les classes éclairées avaient
appris de Rousseau, de Bernardin de Saint-Pierre
(et de Robespierre ?) une religion naturelle, qui n'était,
au fond, que le christianisme, moins les mystères
et la révélation. Elle existait pour eux à l'état de
sentiment plutôt qu'à l'état de croyance; les plus
politiques l'acceptaient à l'état d'instrument, comme
une nécessité sociale. Même la religion catholique ne
fut pas autre chose pour le Premier Consul quand
il la rétablit. La restauration du culte, faite par lui
en 1802, parut à beaucoup de ses partisans et même
de ses courtisans une hypocrisie et un commencement de retour à l'ancien régime. L'athéisme par
réflexion était enseigné par plusieurs idéologues;

l'athéisme par indifférence était très répandu dans la bourgeoisie et dans l'armée. C'était la jeunesse, bien plus que les hommes d'un âge mûr, qui se sentait agitée par le besoin de croire, ou du moins de se rendre compte. L'Université impériale, en vertu de sa constitution, prenait pour base de son enseignement la doctrine catholique. Tous ceux qui étaient nés avec le siècle apprenaient cette doctrine à l'école ou au collège. Rentrés chez eux, ils trouvaient presque invariablement un père qui professait ou l'athéisme, ou l'indifférence. De là, dans les jeunes âmes, l'inquiétude dont je parle. La politique même s'en mêlait; car tout ce qui était royaliste croyait ou feignait de croire. Le clergé prenait une large part dans la direction de l'État, à la grande indignation des libéraux. Il paraissait également impossible de croire ce que le clergé enseignait, et de combattre le clergé. Être spiritualiste sans être chrétien, c'était déjà, aux yeux de certains mécontents et de tout ce qui subsistait d'anciens révolutionnaires, passer à la contre-révolution. Le romantisme, quand il éclata, introduisit un nouvel élément. Ce ne fut ni l'orthodoxie de M. de Bonald, ni la poésie du dogme chrétien de M. de Chateaubriand, ce fut la poésie des arts chrétiens, et particulièrement de l'architecture gothique. Il y eut une religion des enveloppes de pierre, dans lesquelles l'Empereur avait rétabli la religion du Christ comme pour créer et consacrer la religion de César. De 1815 à 1830 on se demandait dans les salons : Que pensez-vous de Dieu?

Jouffroy entra à l'École normale, en 1813, avec l'ardente préoccupation de savoir ce que lui en diraient les philosophes. On sait que Cousin lui parla uniquement de l'origine des idées, et qu'il s'écria : La philosophie est dans un trou! Ma génération, vingt ans plus tard, était encore poursuivie par les mêmes pensées. Quoi! Dieu a voulu créer? L'infini a voulu le fini? Il y a eu Dieu avant la création et Dieu après; un Dieu différent de lui-même? Le Dieu parfait a voulu la créature imparfaite? Il l'a voulue criminelle? Le problème de la chute, celui de la rédemption, et ce que j'appellerais le problème des sacrements, troublaient notre sommeil. Nous trouvions peu d'aide au dehors. On continuait à réfuter le sensualisme de Locke au collège, à l'École normale. Le clergé, dans les exhortations qu'il faisait exprès pour nous, ne nous donnait guère que de la rhétorique. Les plus forts répétaient Chateaubriand. Comme Jouffroy, nous demandions la solution de nos doutes aux philosophes, à Jouffroy lui-même, et surtout à Cousin, qui était notre oracle.

Cousin admettait l'infini. Toute sa métaphysique et toute sa psychologie en étaient pleines. Il distinguait avec grand soin la philosophie et la religion, et maintenait avec une fermeté inébranlable le principe de l'indépendance de la philosophie; mais en même temps il regardait la religion comme nécessaire. Ses propres croyances métaphysiques ne différaient pas de la métaphysique chrétienne; il le croyait du moins, et il le souhaitait. Dans ses leçons, et dans les divers ouvrages philosophiques qu'il publia jusqu'en 1830, Dieu est partout, la création et la providence presque nulle part. C'est à peine si ces mots se rencontrent, et c'est la phrase, plutôt que la réflexion, qui les amène. Il était de ceux que le mot de création effraye, parce qu'il exprime une chose qui, n'étant analogue à aucune autre, et ne pouvant être expliquée faute d'analogie, paraît, en conséquence, impossible et absurde. Au fond, la science humaine n'explique le comment de rien. Elle se tire de tout par des rapprochements. Là où tout rapprochement est impossible, elle se jette dans la foi aveugle, ou dans la négation, plus aveugle encore, quand on y pense. Cousin croyait avoir tout terminé en disant que le monde est nécessaire à Dieu comme Dieu est nécessaire au monde, ce qui ressemble furieusement à la nature naturante de Spinoza. On cria de toutes parts, dans le monde catholique, au panthéisme. Il se défendit avec beaucoup de soin, d'habileté et d'éloquence, dans sa préface de 1826. C'est que le panthéisme, s'il n'était pas un crime dans la philosophie, où toutes les opinions ont le droit de cité, était un crime alors dans l'Université et dans l'État. Il établit fortement qu'il a toujours enseigné l'existence de la liberté en Dieu et en nous, ce qui implique une existence, non seulement distincte, mais séparée. Mais les Pierre Leroux d'un côté, et les catholiques de l'autre, lui soutenaient que, si sa défense parvenait à établir des causes séparées, ce qui n'était pas très sûr, elle ne parvenait en aucune

façon à établir la pluralité de substance. Il était,
dans sa défense, plein d'invectives contre Spinoza;
mais il était plein de spinozisme dans ses dogmes.
Le plus clair, c'est qu'il était panthéiste, qu'il avait
intérêt à prouver qu'il ne l'était pas, et que, de
bonne foi, il croyait ne pas l'être, parce que, tout en
admettant le principe, il en repoussait et en con-
damnait les conséquences.

Je ne vois pas, pour ma part, ce qu'on gagne, au
point de vue de la clarté, en préférant le panthéisme
à la création. Je laisse de côté toutes les sottes accu-
sations d'immoralité portées contre les panthéistes.
C'est surtout en métaphysique, et dans les querelles
entre métaphysiciens, que fleurissent les procès de
tendance. S'il me fallait citer un moraliste parfaitement pur et parfaitement irréprochable, je citerais
Cousin, qui est panthéiste, et je dirais volontiers que
Spinoza, qui l'est encore plus, ou qui l'est plus incontestablement, est un saint. Mais Cousin pouvait-il
croire que ce fût une doctrine intelligible que celle
de ce monde, non nécessaire en lui-même, et pourtant
éternellement nécessaire à Dieu; de ce monde essentiellement mobile, et produit éternellement par un
être dont l'immobilité est le principal attribut; de
ce monde où tout est imparfait, où le mal a une si
grande part, et qui est la manifestation nécessaire
d'une intelligence parfaite et d'un pouvoir infini?
Après avoir établi, en termes magnifiques, l'unité,
l'éternité, l'immobilité de Dieu, comment pouvait-il
établir dans la page suivante, en termes non moins

magnifiques, que ce même Dieu ne peut pas être un
roi solitaire, que le fini et le mal sont nécessaires à
sa perfection, qu'ils sont en lui, ce qui a presque l'air
de dire qu'ils sont lui ? Il trouvait la même affirmation
dans saint Augustin : c'est peut-être, pour un avocat,
une heureuse découverte ; mais qu'est-ce qu'un pareil
argument dans la bouche d'un philosophe ?

Par cet argument même, il avouait, il proclamait
l'unité de substance. Établissait-il aussi solidement
qu'il le croyait la dualité de cause ? En disant qu'il
fait de Dieu une cause libre, ne semble-t-il pas
oublier ces pages fameuses où il avance qu'il est
aussi nécessaire à Dieu de créer qu'au monde d'avoir
un créateur ? Il y a dans son article sur Xénophane et
les Éléates, inséré d'abord dans la *Biographie universelle* et qui est devenu un de ses meilleurs livres, un
curieux passage où il suppose d'abord, comme toute
sa doctrine l'y oblige, qu'il n'y a qu'une seule et
unique substance, qui est Dieu, substance et cause,
dont tous les phénomènes qui constituent la figure
mobile de ce monde sont le produit. Quoique ces
phénomènes existent dans sa substance et proviennent de sa volonté, ils se distinguent de lui, si même
ils ne s'en séparent ; mais dans quelle mesure ? à qui
appartient l'entité ? Est-ce surtout au monde, comme
le pensaient les Ioniens, ou est-ce à Dieu, comme le
voulaient les Éléates ? Avec les Ioniens, Dieu n'est
guère que la totalité des phénomènes. Avec les Éléates, le monde n'est plus qu'un rêve, une ombre,
une vaine apparence. Et pourtant — ce mot lui

échappe — ces deux solutions sont aussi naturelles
l'une que l'autre, ce qui veut dire qu'il est hors d'état
de choisir entre elles. Et en effet il propose à la fin
de cet article de revenir à la croyance du sens commun, de sorte que le dernier mot de la science est
une abdication.

Ce qu'il propose dans cet article, il l'a tenu dans
sa vie philosophique. Nous l'avons vu déclarer que
l'incompréhensibilité de Dieu équivalait à sa destruction, et qu'il serait nécessairement incompréhensible s'il restait absolument indivisible ; puis
incliner vers l'unité parfaite des Alexandrins et des
Éléates, en même temps qu'il cherchait dans l'expiration de la réflexion, c'est-à-dire dans l'unification,
la solution du problème de la réalité ontologique ; et
finalement, après avoir oscillé de Spinoza à Xénophane, en appeler tout à coup au sens commun —
à la vieille foi de nos pères — conservant intacte
sa croyance pour les dogmes, et renonçant à les
expliquer par des systèmes. C'est ce que j'appelle
renoncer à la métaphysique sans renoncer à la religion naturelle. Scepticisme à peine déguisé pour les
systèmes, foi confiante et absolue pour les dogmes.
J'abrège les objections comme j'ai abrégé le résumé
du système. Je ne veux que donner des indications.
C'est l'homme surtout que j'étudie dans M. Cousin.

Je n'ai que des éloges à donner aux principes
fondamentaux de sa morale. C'est un grand et pur
moraliste. Il n'a pas approfondi les questions de
morale comme quelques-uns de ses disciples. Mais

Franck, Caro, Janet, qui laisseront dans la morale
une trace lumineuse, proviennent directement de lui.
Il a posé les vrais principes avec une sûreté magis-
trale; il les a développés dans ce grand style dont il
avait le secret, et qui élève et fortifie l'âme. Ici
encore, il faut se rappeler qu'il nous arrachait à
l'école honnête, mais bornée, des idéologues; à une
école dont les préceptes étaient droits, et les principes faux. Pour la première fois depuis bien longtemps, le devoir était ramené à sa véritable source,
qui est la raison, et étudié dans son véritable caractère de règle inviolable et absolue. Le sentiment
était mis à son rang comme un auxiliaire utile, qui
ne peut être qu'un simple auxiliaire, bon pour
rendre facile l'obéissance, et ne devant jamais usurper
la place du maître. Il a résumé admirablement sa
doctrine morale dans son livre intitulé *le Vrai, le
Beau et le Bien,* où il a mis tout ce qu'il faut garder
de lui et tout ce qu'il souhaite qu'on en garde. Mais,
pour la morale au moins, il n'a rien eu à effacer, rien
à changer. Toutes les fois qu'une question morale
s'était rencontrée sous sa plume ou sur ses lèvres, il
l'avait traitée dans le même esprit, avec sûreté, fermeté, sobriété. Je ne lui reprocherai qu'une chose,
mais grave; c'est ce qu'il appelait lui-même l'absolution du succès, théorie à laquelle se rattache la
théorie des hommes nécessaires.

   Comment concilier la doctrine du devoir, qui est
si souvent la doctrine du sacrifice, avec l'absolution
du succès? Comment séparer le succès de la force?

Le droit est invincible, ou il n'est pas. Comment
peut-on établir à côté de lui le devoir d'obéir à la
force? Si la victoire de la force l'absout, il n'y a entre
le crime et la vertu d'autre différence que la dimen-
sion. Dès qu'on s'écarte de la souveraineté absolue
du droit et du devoir, qui sont les deux formes
humaines de l'éternelle justice, on tombe dans la
morale des fluctuations, qui est le contraire de la
morale. Jamais homme ne fut plus constamment cou-
ronné par le succès que Bonaparte, jusqu'à sa campagne de Russie; donc jamais homme n'eut plus de
génie que lui, pendant quinze ans, ni plus de droit à
l'obéissance. Quelle est cette morale? Et quelle est
cette philosophie de l'histoire? Un coup de canon
tiré à Waterloo transporte à un autre le génie et le
droit d'imposer l'obéissance. Il ne fut grand et légitime que jusqu'à cette minute-là. Cousin aura beau
faire, la théorie du succès est la contradiction du
devoir, comme la théorie des hommes providentiels
est la contradiction de la liberté. Ils veulent la liberté
dans la métaphysique et dans la politique, et ils
admettent la fatalité dans l'histoire!

C'est Cousin, c'est le même homme, qui a dit cette
fatale parole : Il faut pardonner aux héros le marche-
pied de leur grandeur; et cette autre : Il n'y a pas eu
de vaincu à Waterloo.

Il y a eu un vaincu à Waterloo, et c'est Napoléon;
et je montrerai tout à l'heure qu'il y en avait encore un
autre; mais Cousin veut dire que Napoléon n'est pas,
ou n'est plus la France. Il n'a plus la force de la

gouverner; donc il n'en a plus le droit. Il a commencé, en Russie, à être vaincu; donc il a cessé d'être grand. Parlerait-on autrement si l'on confondait le juste avec l'intérêt? Cousin s'égare dans sa doctrine historique, sur les pas de Hegel. Il est bien plus vrai, il est bien plus lui dans sa doctrine morale, que sa doctrine historique contredit. Son cœur n'a jamais été avec Napoléon, même quand Napoléon avait le succès, et que son génie paraissait infaillible. Il sentait en lui l'ennemi du droit. Dans les dernières années, quand le délire de la toute-puissance s'empara du soldat de Vendémiaire et de Brumaire, Cousin sentit l'ennemi de la patrie. Tous les cœurs et tous les esprits étaient troublés à cette date fatale, même les plus grands. L'un part pour Gand; l'autre, par un acte tout aussi décisif, quoique plus obscur, s'enrôle dans les volontaires royaux. Il va à Vincennes, pour combattre l'ennemi de la liberté et pour servir d'auxiliaire à l'ennemi de la patrie. Ils disaient, les uns et les autres : *Ubi libertas, ibi patria.* La postérité a vu plus juste; elle a mieux démêlé les éléments d'une situation si complexe. Elle est pour la patrie contre l'étranger. L'étranger battu et chassé, elle aurait été pour le droit contre le despote.

Il y avait deux vaincus à Waterloo : Bonaparte, dont on pouvait se consoler, et la France, dont nous devons être encore aujourd'hui inconsolables. Sans 1815, il n'y aurait pas eu 1870. Sedan est le lendemain de Waterloo. Le mot de Cousin, qui était presque une impiété, eut pour effet de le grandir. Au lieu

d'y voir une double erreur historique et une erreur
de morale, on y vit seulement l'exaltation du patriotisme. Ce mot sonnait comme une revanche. Les mots
et les drapeaux conduisent les hommes plus que les
raisons et la raison. Le jour où Gambetta trouva son
mot (son premier mot) : Nous sommes les irréconci-
liables, il fit la moitié de sa route. Et Proudhon,
avec son grand talent, et ses fortes polémiques, que
personne ne lit plus, il est tout entier dans deux
mots : Dieu, retire-toi ! et : La propriété, c'est le vol.
Il les regrettait, il en souffrait, il les retirait. A
Baroche, qui lui disait : Vous ne croyez pas en Dieu,
il répondait : Qu'en savez-vous ? Mais que faire ? Il
était sacré athée et communiste par ces deux mots.
Un tribun peut faire des mots, surtout quand il n'est
pas autre chose qu'un tribun. Le devoir d'un philosophe est d'être circonspect. L'imagination est son
ennemie. C'est ce qui a fait dire de Cousin par un
critique puissant, mais malveillant, qu'il était moins
un philosophe qu'un orateur en philosophie.

Il avait peut-être cédé à son goût d'orateur pour
les formules brillantes en émettant sa théorie, regardée
longtemps comme irréfutable, aujourd'hui un peu
démodée, de l'alternance des quatre systèmes ; chaque
époque commençant par le sensualisme, pour s'élever
ensuite à l'idéalisme, passer par le scepticisme, et
finalement se jeter dans le mysticisme. C'est spirituel
et brillant ; ce n'est pas vrai. C'est le roman de la
philosophie. Pythagore et les Éléates sont plus idéa-
listes que Platon ; Platon n'aboutit que bien tardi-

vement aux Alexandrins; son successeur immédiat est Aristote. Cousin, pour soutenir sa théorie, était obligé de transformer les stoïciens en spiritualistes. Il était plus à l'aise avec les écoles du moyen âge, parce que, ne les connaissant pas, il les faisait entrer sans difficulté dans ses classifications.

Je ne veux pas dire qu'il manquait d'érudition en philosophie. Ce n'était pas un émule de Schleiermacher. Ce n'était pas un d'Ansse de Villoison. Il avait autre chose en tête que des découvertes philologiques. Cependant il avait traduit Platon, édité Proclus et Descartes. Il a fait de beaux et nombreux travaux sur Abélard. Il avait de singulières lacunes. Je puis attester qu'après avoir traduit Platon presque tout entier, il ne connaissait Aristote que par le livre de M. Ravaisson. La traduction du 12e livre de la *Métaphysique* d'Aristote qu'il a publiée en 1837 est un devoir que j'ai fait à l'École normale, dans sa classe, en 1836. Je lui lisais ma traduction. Il y faisait très peu de changements, et des changements qui n'étaient pas toujours heureux. On voyait qu'il était tout à fait nouveau venu dans cette étude; et, quand j'ai relu ensuite notre œuvre commune après avoir fréquenté un peu plus les ouvrages d'Aristote, j'y ai trouvé plus d'un contresens. Il savait le grec, mais comme un lettré, non comme un savant; et le grec d'Aristote est presque une langue à part. Il n'y a pas un helléniste qui comprenne Aristote aussi bien que Barthélemy-Saint Hilaire, qui n'est pas, à proprement parler, un helléniste.

Cousin a été poussé à traduire Platon par ses goûts de grand écrivain et de philosophe spiritualiste ; c'est aussi par réflexion qu'il a édité Proclus et Descartes. Ses travaux sur Abélard et Pascal ne sont, dans sa vie, que des aventures ; un manuscrit découvert, une polémique engagée. Proclus, au contraire, lui tenait à cœur. Il étudiait chez les Alexandrins la doctrine de l'unité et celle de la trinité. C'est là, bien plus que chez Leibniz, qu'il trouva l'éclectisme.

Il s'est identifié avec la méthode. éclectique, qui a donné son nom à sa philosophie. Qu'est-ce que l'éclectisme ? C'est beaucoup et ce n'est rien. C'est un peu comme l'opportunisme, que personne ne peut repousser si l'on s'en tient à ses commencements, et que personne ne peut accepter si on le pousse à ses dernières conséquences. L'opportunisme signifie-t-il simplement qu'il faut faire chaque chose à propos, *en temps opportun*? C'est une vérité de La Palisse. Veut-il dire qu'il faut changer avec les circonstances, et préférer l'opinion qui profite? Il devient une infamie.

De même tout le monde acceptera l'éclectisme, s'il s'agit tout uniment de prendre à chaque école ce qu'elle peut avoir de vrai et de sensé. Mais les éclectiques de profession y mettent un peu plus de profondeur. Ils commencent par poser en principe que chaque système est vrai par ce qu'il affirme et faux par ce qu'il nie. Cela paraît très profond : ce n'est pourtant qu'une sorte de jeu de mots sans aucune valeur. Le matérialisme, dit-on, est vrai par ce qu'il affirme, car il affirme la matière qui existe, et il en définit exactement les attributs; il est faux en ce qu'il nie, car l'esprit existe, quoique le matérialisme en nie l'existence. Fort bien. Pour que la formule fût exacte, il faudrait que le spiritualisme impliquât la négation de la matière. Et le scepticisme? Comment, n'affirmant rien, peut-il être vrai dans ce qu'il affirme? Il est vrai quand il doute de ce qui est douteux, et faux quand il doute de ce qui est certain. Voilà ce qu'il faudrait dire pour dire la vérité, et on ferait, en disant cela, une belle découverte! Et dans le mysticisme, quelle est la part du vrai, je vous le demande? D'une part, il nie la raison; de l'autre, il affirme l'extase et la clairvoyance de l'extase. Il se trompe tout du long. Que devient la formule? Prenons un exemple dans une doctrine plus particulière, soit celle de Malebranche. Malebranche nie l'action directe de l'esprit sur la matière : il a tort en ce qu'il nie. Il affirme la prémotion physique : a-t-il raison en ce qu'il affirme?

La première prétention de l'éclectisme est donc à rejeter. Voici la seconde : c'est que tout est déjà découvert. On ne trouvera plus rien de nouveau. Toutes les vérités sont dispersées dans les quatre systèmes, où il faut aller les prendre, pour les unir dans une synthèse commune. Cette seconde formule est encore plus merveilleuse que la première, car on demande : A quelle époque a-t-elle commencé à être vraie?

Je vois bien que Platon, qui était grand ami des

traditions et grand admirateur des temps passés, affirme que les Égyptiens possédaient de toute anti- quité tous les trésors de la sagesse humaine ; et je conviens qu'Aristote a soin de rattacher chacune de ses opinions à celle de quelque philosophe anté- rieur à lui. C'est qu'en effet les découvertes de nos devanciers ne doivent pas être perdues pour nous. Mais en résulte-t-il que nous ne puissions pas, à notre tour, faire des découvertes ? Parmi les doctrines philosophiques, n'en existe-t-il aucune qui appar- tienne en propre à Platon ou Aristote ? Que dit M. Cousin lui-même ? Qu'il faut étudier sans relâche la conscience humaine ; et que ce livre-là est plus instructif que tous ceux qu'on entasse dans les biblio- thèques. Les éclectiques, par leur seconde formule, tombent dans le sophisme qui consiste à attribuer au tout ce qui n'est vrai que de la partie. Il est vrai que beaucoup de vérités sont découvertes, mais il est faux qu'il n'en reste pas à découvrir, et que nous soyons réduits à vivre d'emprunts.

Quand on s'est une fois engoué de l'éclectisme, non seulement on est enclin à ne plus penser par soi-même, mais on entre à l'école des maîtres les plus opposés les uns aux autres avec un parti pris de docilité et de conciliation qui fait qu'on accepte un peu de toutes mains, et qu'on réunit les contraires. Cette extrême aptitude à concilier a pour effet de détruire d'abord le conciliateur. Il cesse d'être quel- qu'un, à force d'appartenir à tout le monde. Il devient généralisateur à outrance ; les différences lui

échappent. Or, sans différences, il n'y a plus d'idées.
Les éclectiques ont beau se défendre d'être des syn-
crétistes. Ils ne croient pas l'être, ils ne veulent pas
l'être. Ils le sont, par la force des choses. Un éclectique n'est plus un philosophe; c'est une sorte d'écho
qui répète tous les sons. Ce n'est plus un esprit, car
il admet toutes les opinions; ni une volonté, puisqu'il
appartient à qui veut le prendre. Je sais bien que je
fais là la caricature de l'éclectisme. Cousin, en par-
ticulier, et Leibniz avant lui, avaient trop de valeur,
trouvaient en eux-mêmes trop de forces pour s'abandonner ainsi. L'éclectisme n'était pas pour eux la
philosophie, mais un adjuvant de la philosophie. Ils
avaient des maîtres opposés entre eux, dont ils excel-
laient à concilier les doctrines; mais eux-mêmes ils
étaient des maîtres. Ils trouvaient, ils créaient. Ils
étaient poètes, comme tous les grands philosophes.
Ils échappaient aux inconvénients de leur méthode,
grâce à leur supériorité individuelle.

Au fond, dans toute la doctrine de Cousin, il y a
beaucoup de vérités, et il y a encore plus de chi-
mères. Je lui appliquerais volontiers sa propre formule, avec une modification, en disant qu'il est vrai
dans ce qu'il décrit, et faux dans ce qu'il explique.
Il décrit très bien les sens, la volonté, les diverses
facultés de l'entendement. Il montre très bien que le
mouvement doit s'appuyer sur l'immobile, l'éphé-
mère sur l'éternel, et le fini sur l'infini. Mais il n'explique ni comment le moi connaît le non-moi, ni
comment le corps agit sur l'esprit, et l'esprit sur le

corps, ni comment l'infini crée le fini, ni comment le fini connaît l'infini, s'adresse à lui par la prière, obtient son intervention ou profite de sa direction. Il répète, comme tous les philosophes, que la philosophie est la science des causes. Elle trouve les causes ; elle les rapporte à leurs effets ; elle les nomme, elle les classe ; elle ne les explique jamais. Elle est la nomenclature des causes ; elle n'en est pas la science. Elle ne sait le comment de rien.

M. Janet, dans son beau et profond livre sur Victor Cousin, prétend qu'il a constamment la fièvre métaphysique. Il l'a eue constamment de 1814 à 1830. C'est un long accès, qui suffit, je pense, à sa gloire de métaphysicien. La fièvre est tombée en 1830, quand il a mis la main au gouvernement de la société. A la fièvre de trouver le secret des choses, qui est proprement la fièvre métaphysique, a succédé pour lui la fièvre de gouverner les âmes et de les régler, qui est la fièvre politique sous sa forme la plus belle. Car Cousin, je le reconnais avec M. Janet, a toujours eu la fièvre ; mais où je diffère de mon ami et de mon ancien élève (que M. Janet me permette de rappeler que j'ai eu l'honneur d'être son professeur, quoique je n'aie pas l'honneur bien plus grand d'avoir été son maître), où je diffère de M. Janet, c'est en affirmant que, si Cousin a la fièvre en 1830 comme il l'avait en 1829, ce n'est plus la même fièvre.

Il n'est pas fatigué, mais il est désenchanté. Il ne bronche pas sur les dogmes ; sur toutes les explications, il hésite. Il croit fermement au non-moi ; il

soupçonné que les conséquences qu'il a tirées de
l'impersonnalité de la raison ne sont pas inattaqua-
bles. Il continue à soutenir et à prouver même qu'il
n'est pas panthéiste ; il sent secrètement qu'il le
prouverait d'une façon plus péremptoire s'il avait
moins insisté sur la nécessité de la création et l'unité
de la substance. Il s'indigne contre M. de Broglie
qui voit quelques dangers à la diffusion des problèmes métaphysiques; mais il reconnaît que cette diffusion ne doit ni ne peut dépasser le cercle des classes
élevées de la société; qu'il est à souhaiter qu'elle
n'ébranle pas le christianisme, et qu'enfin la religion est nécessaire au bonheur des uns et à la sécurité des autres. Ce n'est pas, comme le disent ses
ennemis, un philosophe repentant, puisqu'il main-
tient, en principe, l'indépendance absolue de la philosophie; mais c'est plus que jamais un philosophe
circonspect. Il était l'apôtre de la philosophie, il en
devient le magistrat.

Je le prouve contre M. Janet de deux façons : par
ce qu'il n'a pas fait, et par ce qu'il a fait.

M. Cousin a été exclu de l'enseignement en 1820.
Il n'avait alors que vingt-huit ans. Il ne remplissait
à cette date aucune fonction publique, et n'exerçait
aucune profession. Il a été, pendant sept ans, entièrement maître de son temps. Il l'a très bien employé
à commencer la traduction de Platon, à éditer Proclus
et Descartes. Tous ses amis, ses anciens auditeurs,
les élèves de l'École normale croyaient qu'il profite-
rait de sa liberté pour composer une grande œuvre

doctrinale. Quand on le vit se livrer à des travaux de pure érudition, le désappointement fut général. « Tout le monde est étonné et mécontent, dit Jouffroy dans un article du *Globe*. Tout le temps que M. Cousin n'emploie pas à écrire un livre de philosophie paraît à tout le monde du temps perdu. J'ai d'abord partagé ce sentiment, ajoute-t-il, et je continue à croire que c'est du temps perdu pour la gloire de M. Cousin. Mais, en y réfléchissant, je ne crois plus que ce soit du temps perdu pour la philosophie. En effet, la philosophie est toute faite. Elle est dispersée dans les diverses écoles », etc. Vous voyez d'ici l'éclectique. Mais ce qui réfute la théorie de M. Jouffroy, c'est la pratique de M. Jouffroy, qui a fait des observations constamment, et de l'histoire par occasion seulement.

L'éclectisme consolait ce nouveau Mélanchton du silence du nouveau réformateur. Comme je ne suis pas éclectique, je refuse d'accepter l'explication de Jouffroy. On pourrait dire seulement que M. Cousin, à cette époque, n'était pas content des solutions qu'il avait d'abord proposées, et qu'il fit son voyage en Allemagne pour y trouver et en rapporter des idées nouvelles. Ce n'en est pas moins une première atteinte de découragement. Mais en 1830 il ne s'agit plus pour Cousin de chercher de nouveaux maîtres. Il a trente-huit ans. Il retourne en Allemagne ; ce n'est plus pour la philosophie ; c'est pour l'enseignement primaire et l'enseignement secondaire. Il est toujours titulaire de sa chaire ; il peut y remonter. Il y retrouverait le succès de 1828 et de 1829. Il a, pour ainsi

dire, la gloire sous la main, une popularité que rien
n'égale, que rien ne remplace. Non, il n'enseignera
plus; son parti est pris. A-t-il donc pour suppléant
un disciple éloquent, un autre lui-même, un Jouffroy
par exemple? Point. Jouffroy enseigne pour son propre compte. Cousin prend pour suppléant M. Poret,
qui n'est ni célèbre, ni éloquent, ni profond, et qui
n'est pas même de son école. Pendant vingt et un ans
il persiste à se faire suppléer; en 1853 il prend sa
retraite. On alléguerait vainement qu'il continue,
pendant quelques années après 1830, à faire une
conférence à l'École normale. Cette conférence a
lieu une fois par semaine, le dimanche. Elle est
faite aux élèves de philosophie de troisième année,
qui sont rarement plus de deux ou trois. Ce n'est
ni un cours de philosophie, ni un cours d'histoire
de la philosophie; c'est un exercice préparatoire
pour l'agrégation. Ce motif le détermina à renoncer
à cette conférence, parce qu'étant président du
jury il ne pouvait pas être préparateur. En 1836
il ne fit pas autre chose que de lire avec nous le
12e livre de la *Métaphysique* d'Aristote. Il fit de
même en 1837, et ce fut sa dernière année d'enseignement à l'École. Il était souvent question d'autre
chose que de cette lecture. Tantôt c'était une question de philosophie qu'il mettait tout à coup sur le
tapis, ou une question de littérature; il nous parlait
même de dessins et de tableaux, comme faisait Michelet dans ses conférences aux élèves de seconde
année. Ce n'étaient guère que des causeries; il semblait

qu'il nous fît une visite. Armand Carrel mourut cette
année-là. C'est moi qui lui annonçai qu'il était perdu,
qu'on n'avait plus, à Saint-Mandé, aucune espérance.
Il se mit à pleurer, ce qui nous toucha et nous sur-
prit. Le dimanche suivant il nous parla uniquement
de Carrel, avec sa verve intarissable, et de là il passa
à la politique ; il y revint encore dans les leçons suivantes, et peu à peu toute cette politique passa, du
gouvernement de la France, à celui des classes que
nous aurions à gouverner l'année suivante. Il est
impossible, pour ceux qui ont assisté à ces leçons ou
plutôt à ces entretiens, de les regarder comme la con-
tinuation de l'enseignement de M. Cousin. S'il fallait
leur donner un nom, je dirais que c'était une suite
d'aperçus sur la philosophie d'Aristote, qu'il savait
mal, et sur la condition des professeurs de philosophie, qu'il connaissait mieux que personne. Je puis
donc dire qu'il cessa d'enseigner en 1830. En tout
cas, il renonça absolument à l'enseignement à partir
de 1837. S'il avait un élève en 1836, c'était moi, car
il était rare qu'il ne me gardât pas deux ou trois
heures, le dimanche, soit chez lui à remuer des bou-
quins quand il pleuvait, soit au Luxembourg quand
on pouvait sortir. Il me parlait de tout, et, entre
autres choses, de philosophie ; mais il ne me faisait
pas l'effet d'un général qui cherche de nouvelles
conquêtes ; c'était plutôt un conquérant satisfait de
ce qu'il possède, et songeant à s'y fortifier et à bien
organiser sa domination. Le rôle du professeur était
fini, et celui du philosophe également.

En effet, le livre que Jouffroy avait en vain demandé
en 1820 ne vint pas après 1830. Il ne cessa pas
d'écrire : il n'écrivit pas son livre de philosophie. Ce
seul fait est par lui-même une preuve sans réplique.
Il multiplia les nouvelles éditions, fit des préfaces.
Quand ces préfaces sont doctrinales, elles ont surtout un caractère apologétique. C'est le directeur qui
parle, ce n'est pas le professeur. S'il publie un livre
de philosophie, c'est sa traduction de Platon, ou ses
volumes sur Abélard, ou son mémoire sur Pascal, la
philosophie avoisinant les lettres, l'histoire de la philosophie, de l'érudition plutôt que du dogme. Peu à
peu il publie ses anciens cours, tantôt sous leur forme
même, tantôt en corps de doctrine, comme *le Vrai, le
Beau et le Bien*. Mais, si l'on regarde de près ces
publications, on voit qu'elles ont pour but, non de
développer son enseignement par des vues nouvelles,
mais d'assagir son ancien enseignement, d'en ôter ce
qui est aventureux ou dangereux : toujours la préoccupation du magistrat au lieu de celle du philosophe.
Le philosophe n'aurait jamais consenti aux rétran-
chements et aux changements que le magistrat s'impose. Je ne dis pas que cette œuvre de revision est
celle d'un converti, je ne vais pas jusque-là. Je ne dis
pas non plus qu'il a cessé de croire aux dogmes ;
mais certainement il a de grands doutes sur les explications et les théories. S'il faisait un catéchisme de
ses doctrines, comme il en a peut-être fait un pour la
doctrine catholique, il y serait de la plus parfaite
orthodoxie. Vous savez que c'est une habitude fort

ancienne. Il y avait chez les platoniciens, et surtout chez les pythagoriciens, une doctrine ésotérique et une doctrine exotérique. Cousin n'a eu de doctrine ésotérique que jusqu'en 1830.

CHAPITRE III

LE RÉGIMENT

M. Hachette, le fondateur de la célèbre maison de librairie, en se faisant de professeur éditeur, prit ces mots pour devise : *Sic quoque docebo*. M. Cousin pouvait dire aussi, en cessant d'être professeur pour devenir l'inspirateur et le chef de tous les professeurs, qu'il ne faisait qu'étendre et, en quelque sorte, généraliser son enseignement. Rendons-nous bien compte de la situation morale et matérielle qu'il avait alors, car, depuis, il ne s'est rien produit qui y ressemble, même de loin.

Il passait en France pour un philosophe très nuageux, mais très profond, qui avait foudroyé les idéologues et les sensualistes, et fondé pour des siècles une grande école de philosophie. On ne pensait pas si grandement de lui en Allemagne; on l'y accusait un peu d'avoir pillé Schelling et Hegel; on l'y regardait, non sans raison, comme un disciple de ces deux grands hommes; on souriait des perfectionne-

ments qu'il avait apportés à leurs systèmes ; mais, avec
tout cela, on le regardait comme un esprit très ouvert,
s'assimilant avec promptitude et facilité la substance
des autres, suffisamment au courant de l'antiquité et
des lettres, très ingénieux, très ardent, très éloquent,
le premier sans contredit des Français, et presque
digne d'avoir étudié à Bonn et à Gœttingue. Il avait
été, en France, condamné au silence par la réaction,
et, en Allemagne, jeté, comme il lui plaisait de le dire,
dans les cachots, par un gouvernement despotique.
Quand on le voyait paraître dans le grand amphithéâtre de la Sorbonne, la foule, qui refluait jusque
dans la cour, éclatait en applaudissements frénéti-
ques. Il étendait la main pour commander le silence,
et au milieu de cette jeunesse émue, de ces vieillards
revenus sur les bancs pour l'entendre, de ces savants,
de ces adversaires, d'une voix vibrante, avec lenteur
presque toujours, comme un homme qui cherche
encore ses idées, dans une langue forte, imagée,
solennelle, il promulguait ses oracles. — On croyait
assister au travail de sa pensée, et on n'assistait en
réalité qu'à leur mise en scène. Le spectacle était
émouvant. Quand tout à coup il ouvrait un vaste
horizon, ou quand il trouvait une de ces formules
qui se gravent pour jamais dans le souvenir, qui font
penser et rêver, l'enthousiasme était à son comble.
Il était maigre, il semblait souffrant ; tout son corps
était secoué par cette fameuse fièvre métaphysique,
plus intense que la fièvre poétique et aussi féconde
en grands résultats. Ses yeux littéralement lançaient

des flammes. Il souriait rarement, parlait rarement
avec impétuosité, et pourtant on sentait qu'il pouvait
briller dans tous les genres. Ce grand orateur, ce
grand penseur était l'ennemi de l'ennemi, c'est-à-
dire de la contre-révolution; il avait fait trembler les
ministres de la Restauration; il était le prophète du
parti libéral, le maître et le révélateur de l'avenir.
Il était, à la lettre, l'idole de la jeunesse des écoles,
et, ce qu'elle ne savait pas, cette jeunesse, il était en
même temps l'idole des salons, où il portait ses pro-
fondeurs, assaisonnées d'infiniment de grâces; écrivain de grande volée, d'ailleurs, ce qui ne se rencontre pas toujours avec le génie oratoire, digne de
comprendre Platon, et, seul de son temps, digne de
le traduire.

Après la révolution de Juillet il ne remonta pas
dans sa chaire. Il fut, par tout le monde, compté
parmi les vainqueurs, quoiqu'il n'eût pas été parmi
les combattants. Il avait blâmé les Ordonnances;
il était certainement l'adversaire de M. de Polignac,
mais il n'était pas celui de Charles X, et il pensait
qu'on aurait pu, sans révolution, revenir à une sage
interprétation de la Charte. Il le disait très haut
dans les premiers temps. Il n'eut pas grand effort à
faire pour se rallier au gouvernement. Il n'était
pas un des vainqueurs, mais il était l'ami des vainqueurs, et les faveurs plurent sur lui, aux grands
applaudissements de la foule. La foule est le caprice
même. Tantôt elle veut que ses meneurs soient des
Brutus, dévoués à tous et, pour eux-mêmes, impi-

toyables. Tantôt elle aime à les choyer, à les grandir,
à agrémenter la gloire de toutes les glorioles de la
vanité; c'est ce qu'elle faisait pour Cousin. Il lui
plaisait qu'il fût, à quarante ans, membre de deux
Académies, conseiller d'État, pair de France, professeur titulaire de la Sorbonne, chef suprême de l'École
normale et membre du Conseil royal de l'Instruction
publique. Ce petit professeur né dans un grenier, et
qui avait tâté de la persécution, passait grand sei-
gneur sans intervalle. Il plaisait au peuple dans cette
nouvelle incarnation. Il était une des formes de sa
victoire.

Il ne lui fallut que trois ans pour parcourir tout ce
chemin. Il fut professeur titulaire, membre de l'Académie française, conseiller d'État en service extraordinaire en 1830 ; membre du Conseil royal et de l'Académie des sciences morales et politiques en 1832,
directeur de l'École normale la même année, pair de
France l'année suivante. Il ne lui restait plus qu'à
être ministre pour avoir épuisé la liste des grandeurs
humaines; il le fut en 1840. Nous ne nous faisons
pas à présent l'idée du pouvoir et du prestige que
conféraient toutes ces dignités. La révolution de 1830
les avait bien affaiblies, mais celles de 1848 et de
1870 les ont anéanties. Un pair de France de Louis-
Philippe n'était qu'un prestolet en comparaison d'un
pair de Charles X; mais nos sénateurs et nos conseillers d'État d'aujourd'hui ne peuvent souffrir la
comparaison avec ceux du roi Louis-Philippe. L'Université avait son banc des évêques dans la chambre.

haute; M. Villemain, M. Cousin, le baron Thenard,
Georges Cuvier; cela seul semblait une révolution.
M. Cousin pouvait tenir tête à un maréchal dans
le Parlement, et c'était au maréchal à se bien tenir.
Mais ce qui est surtout bien loin de nos mœurs et
de nos usages, c'est l'ancien Conseil de l'Instruction
publique.

Nous en avons un aujourd'hui, composé de 48
membres, où siègent cinq ou six instituteurs, sans
compter une institutrice, élus pour trois ans par leurs
pairs, des régents de collèges communaux, des inspecteurs de diverses catégories; tout cela, suivant
le législateur, pour obéir au principe de la compétence, parce que personne n'est plus compétent
qu'une directrice de salle d'asile pour régler l'enseignement d'une chaire d'astronomie au Collège de
France. Les membres de ce Conseil se réunissent à
Paris, deux fois par an, pour huit jours. Ils jugent
toutes les affaires disciplinaires, accordent toutes les
dispenses et discutent au pied levé tous les règle-
ments. On les leur envoie à domicile le lundi; le
mardi, ils les votent; le mercredi, ils peuvent les lire
dans le *Journal officiel*. Institution admirable, qui
donne toute l'autorité à trois directeurs, et toute la
responsabilité à 48 conseillers, dont les noms mêmes
sont inconnus, et qui ne se connaissent pas entre
eux. Quand M. Cousin entra au Conseil royal, les
conseillers étaient au nombre de huit. Chacun d'eux
représentait un ordre d'enseignement dont il était
le chef absolu. Il y avait là des lettrés comme M. Vil-

lemain, des chimistes comme M. Thenard, des ma-
thématiciens comme M. Poisson. De tels hommes
n'étaient pas seulement les chefs de leur ordre, ils
en étaient l'illustration et le modèle. Le ministre
de l'Instruction publique s'appelait M. Guizot, et
M. Guizot était la plus forte tête, et sans contredit
le plus grand orateur du cabinet : M. Thiers ne prit
rang que plus tard. Tout occupé par la politique
générale, M. Guizot n'intervenait dans le gouvernement de l'Université que de très loin en très loin,
pour donner une idée ou une direction; il ne s'occupait ni du personnel ni des détails; il avait pour cette
besogne huit conseillers, huit ministres. L'enseignement de la philosophie était sans réserve entre les
mains de M. Cousin. Il rédigeait l'arrêté, le lisait
pour la forme à ses collègues, et le ministre le
signait aussi, pour la forme, dans son cabinet, où le
lui portait un secrétaire. Il aurait été beau de voir
M. Cousin discuter les ordres de M. Thenard sur la
chimie, ou M. Thenard dire son mot sur la psychologie !   ‒

M. Cousin disait que les professeurs de philosophie formaient son régiment; mais alors c'était un
régiment dont le colonel était maréchal de France.
Il tenait son monde par tous les côtés. D'abord il
était le chef de l'École normale. Il avait cette supériorité sur ses collègues du Conseil. Il avait là,
sous ses ordres, un directeur, M. Guigniaut, le
meilleur des hommes, qui n'avait qu'un défaut,
c'était d'être trop savant pour un Français. Le vrai,

le seul directeur était M. Cousin, par qui tout passait : les finances, le règlement, la discipline, l'enseignement. Il nommait les professeurs , faisait ou
revisait les programmes pour la littérature et la philosophie, entrait dans les plus menus détails. Il habi-
tait la Sorbonne, où il occupait un bel appartement,
tout rempli de ses livres ; l'École était à deux pas de
là, dans les bâtiments fort mesquins et fort délabrés
de l'ancien collège Du Plessis, annexé au XVIII° siècle
au collège Louis le Grand, lors de la réforme de
l'ancienne Université. C'était dans ces bâtiments qu'il
avait commencé ses cours en 1814 comme suppléant
de M. Royer-Collard; mais la petite salle dont ses prédécesseurs s'étaient contentés était devenue presque
sur-le-champ insuffisante pour lui, et il avait fallu rou-
vrir cette grande halle de la Sorbonne, très incom-
mode, mais très vaste. Le collège Du Plessis une fois
délaissé par les Facultés, on y avait installé l'École
normale, reléguée depuis 1810 dans les combles du
collège Louis le Grand. On lui donna un grand dor-
toir, une grande salle d'étude, un grand réfectoire, une
petite bibliothèque, trois petites salles où se faisaient
tous les cours, et pour promenoir une allée assez
longue, assez triste, plantée de quelques arbres mal
venus, bordée de trois côtés par la maison, et de
l'autre par une longue et haute muraille qui la séparait
du Collège de France. L'École communiquait directement avec le collège Louis le Grand, qui nourris-
sait les élèves et leur prêtait son infirmerie et sa
chapelle. On avait par jour trois récréations d'une

demi-heure, pendant lesquelles on ne cessait de se
promener à grands pas dans cette longue allée, en
parlant beaucoup de politique, beaucoup du romantisme, qui était ardemment discuté, et de l'abbé Lacordaire, qui n'était pas encore dominicain et qui
commençait à faire ses conférences à Stanislas. Très
souvent on voyait entrer M. Cousin, qui se rendait
à l'improviste chez M. Guigniaut. Les plus braves
tremblaient à sa vue. Il paraissait très grand parce
qu'il était très maigre, et portait en hiver le plus
singulier costume qu'on puisse imaginer : une longue redingote de bouracan bleu avec trois collets
doublés de peluche rouge, un chapeau gris et une
canne. Ses yeux flamboyaient sous son chapeau gris,
et en passant il dardait ses regards sur nous comme
un ogre qui cherche qui il va dévorer. Nous savions
qu'il n'était pas méchant; mais il était fantasque, et
aimait à passer pour inexorable. Il lui passait par la
tête des idées fatales, comme par exemple de nous
supprimer le jeudi. Il faisait peur à M. Guigniaut
comme à nous, quoiqu'ils eussent passé toute une
année ensemble sur les bancs de l'École normale.
C'était M. Guigniaut qui nous communiquait les volontés de M. Cousin; nous l'en rendions responsable,
et sa popularité, qui aurait dû être considérable, en
souffrait quelque peu. Tant que Cousin était là, l'école
se sentait comme oppressée, dans l'attente d'un mal-
heur inconnu; je suppose que c'est un sentiment qui
résulte tout naturellement de la proximité d'un souverain maître. Le maître, quand il sortait, s'appro-

chait volontiers de quelqu'un de nous; nous avions
l'habitude de marcher vite, il courait encore plus
fort, en faisant de grands gestes avec sa canne, et en
criant à tue-tête. Il ne prenait pas la peine de se
surveiller avec nous. Il nous servait toutes les idées
qui lui venaient et tous les mots qui se présentaient,
avec une verve incroyable, en y perdant quelquefois
un peu de sa dignité, mais de son autorité, jamais.
On admirait, mais on tremblait. Quelquefois on avait
grande envie de rire; j'en rougis encore à présent;
c'est qu'on ne le comprenait pas, ou qu'il se moquait
un peu de nous en abusant de sa supériorité. Il faut
dire aussi à notre décharge qu'il était souvent assez
excentrique. Quand il rencontrait un paradoxe, il
le poussait presque jusqu'à l'extravagance, surtout
quand il voyait notre ahurissement. Nous pensions
que c'était un très grand génie, mais un peu fou.
Personne ne fut jamais plus sensé; seulement il avait
des façons et un langage dont il fallait apprendre peu
à peu le secret. Un de ses grands bonheurs était
de nous parler de notre avenir, en nous promettant
avec beaucoup de condescendance des places tellement au-dessous de nos espérances, que la seule
pensée nous faisait frémir. « Vous, Simon, me disait-
il, je ne puis pas vous promettre Pontivy, quoique
ce soit au centre de votre pays. J'essayerai, je cherche
des combinaisons. Peut-être, si vous êtes premier
agrégé, pourrai-je y parvenir. » Pontivy était le
dernier des collèges royaux, sans élèves, sans
ressources; une petite ville, presque une bourgade

perdue au milieu de la basse Bretagne. On n'y allait
que comme dans un lieu de pénitence. Il disait à
Saisset, le plus fort de nous tous : « Avec du travail et
de la persévérance, vous pouvez arriver à tout, même
à une place d'inspecteur d'académie! » Il fallait voir
avec quel air de respect pour cette grande place il
disait cela. Quelques années plus tard, je me trouvais chez lui à la Sorbonne, où je lui donnais des
notes pour un discours qu'il méditait sur les marques de fabrique. On lui apporta la carte d'un professeur de cinquième ou de sixième au collège de
Nantes. « Quel ennui! dit-il ; je suis obligé de le recevoir : c'est un camarade d'École normale. » Il le reçut
debout, pour abréger la cérémonie. L'autre était tout
ému. « Que je suis heureux de te voir! » Cousin avait
bien l'air de lui dire : « A présent que tu m'as vu.... »
« J'ai là mes enfants, qui brûlent d'envie.... » C'en
était trop pour un pair de France si peu sentimental.
Il prit la porte de sa chambre à coucher. « Tiens,
lui dit-il en disparaissant, montre-leur Simon. C'est
mon suppléant! »

Il arrivait le dimanche, très exactement, à huit
heures, pour faire ce qu'il appelait sa leçon. Au coup
de huit heures, nous voyions apparaître au bout de
l'allée la canne, le chapeau gris et le bouracan bleu.
Nous étions réunis d'avance dans la bibliothèque,
deux petites salles à l'entresol, où les livres, vingt
mille volumes environ, étaient entassés sur des
planches de sapin mal dégrossies. C'était la bibliothèque de Georges Cuvier, qu'il avait achetée pour

l'École l'année précédente. Il y avait une longue
table et des bancs pour les lecteurs, et une table de
sapin avec un fauteuil garni de paille pour le biblio-
thécaire, qui était, si je ne me trompe, notre camarade M. Barroux. Cousin s'asseyait dans le fauteuil
de Barroux, en mettant le chapeau gris, la canne et
le bouracan sur la table, qui s'en trouvait absolument encombrée. J'y mettais aussi ma traduction du
12ᵉ livre de la *Métaphysique.* Nous nous tenions
sur le bout d'un banc, vis-à-vis de lui. Nous étions
quatre, Saisset, Lorquet, Boutron et moi. Saisset
était le futur traducteur de Spinoza et l'auteur de tant
de beaux articles de la *Revue des Deux Mondes* et
de plusieurs excellents livres, mort tout jeune, professeur titulaire de philosophie à la Sorbonne et
membre de l'Académie des sciences morales et politiques. Lorquet est mort il y a quelques années,
secrétaire de la Faculté des Lettres de Paris. Boutron
est mort aussi. C'était un économiste distingué. Tous
les élèves, excepté moi, sont morts comme le maître.
Je lisais ma traduction du 12ᵉ livre; chacun faisait
ses remarques avec une entière liberté. Cousin prenait naturellement la plus grande part aux débats,
mais il discutait comme un de nous, en tenant
grand compte des opinions de chacun. Nous aurions
dû l'adorer, mais il y avait un je ne sais quoi qui
écartait l'amitié; je crois que c'était la peur; pour
notre admiration, elle était sans bornes. Quelquefois,
presque toujours, il se mettait à chevaucher sur une
idée que le hasard amenait, et c'était alors une suite

d'aperçus variés, nouveaux, merveilleux, de compa-
raisons, de rapprochements, de tableaux, d'anecdotes; jamais, je crois, on n'a vu ni on ne verra,
dans la conversation d'un homme, une telle abondance de belles choses. La leçon, commencée à huit
heures, devait durer une heure et demie; nous étions
encore là à une heure. Il prenait son chapeau tout
à coup, et me disait : « Venez au Luxembourg ». Par
parenthèse, je me passais de dîner. Une fois au
Luxembourg, il recommençait pour moi tout seul. Je
crois qu'il oubliait souvent à qui il parlait, qu'il se
parlait à lui-même. Il était, à la lettre, infatigable :
aussi maître de lui, et avec une voix aussi forte, au
bout de trois ou quatre heures. Il me plantait là quand
le jour tombait, et allait s'habiller pour dîner chez
quelqu'un de ses grands amis, tandis que j'errais
par les rues en attendant qu'il fût temps de rentrer
et de souper à l'École, où j'arrivais à huit heures,
mourant de faim et n'ayant rien pris de ma journée
qu'un morceau de pain sec à sept heures du matin.

De quoi nous parlait-il dans sa leçon du dimanche?
De toutes choses, et même quelquefois, mais rarement, de philosophie. Il nous parlait volontiers des
contemporains, ce qui était un grand régal; de ses
amis allemands, de Hegel, son préféré, de Schleiermacher, de Kant, qu'il n'avait pas connu; il parlait
moins de leur philosophie que de leur personne et
de leurs habitudes. Il nous parlait aussi de ses confrères de l'Académie, de Royer-Collard, de Guizot,
qu'il respectait et admirait beaucoup l'un et l'autre;

de Thiers, son maître en politique, disait-il, un
historien de la taille de Tite-Live; de Villemain,
qu'il détestait bien franchement. Il nous parlait aussi
des romantiques, dont il riait un peu; de Victor Hugo,
dont il reconnaissait hautement le génie, et dont
il patronnait, en ce moment même, la candidature à
l'Académie : candidature difficile; on préférait à
Victor Hugo Dupaty, et Thiers disait à Cousin : « Je
lui donnerai ma voix quand vous m'aurez montré
quatre vers de lui qui soient seulement médiocres ».

Armand Carrel mourut cette année-là. Je le connaissais; j'étais un très ardent politique de vingt ans.
Je me considérais comme frappé dans la personne
de mon chef. Il fallut que M. Guigniaut m'accordât,
bon gré mal gré, la permission d'aller à Saint-Mandé,
aux nouvelles. Je ne savais trop ce que M. Cousin
en dirait le lendemain. Il vint droit à moi en entrant :
« Eh bien, me dit-il, vous avez été à Saint-Mandé
hier au soir. Où en est-on? — Perdu », lui dis-je.
J'étais accablé. Cousin se détourna et versa des
larmes! Nous étions stupéfaits, mais très touchés.
Ces larmes le changeaient et le grandissaient à nos
yeux. Au fond, c'était l'homme de tous les contrastes.
Il disait : « Un homme est complexe; un peuple est
complexe ». Sa théorie politique reposait en partie
sur la complexité nécessaire des peuples.

Il nous parlait beaucoup de politique, mais de la
politique de notre état, c'est-à-dire de la conduite
que nous aurions à tenir avec M. le préfet et Monseigneur l'évêque. Il ne nous parla presque plus que de

cela pendant le second semestre. « Vous irez chez
votre évêque. Non ; je me trompe ; vous irez d'abord
chez M. le préfet, c'est votre supérieur hiérarchique.
« Monsieur le préfet, je viens vous déclarer », vous
pouvez même dire au préfet : « M. Cousin m'a chargé
« de vous déclarer que le gouvernement peut compter
« en toute occasion.... » Vous pensez peut-être qu'à
ce moment-là nous faisions la grimace, et moi surtout,
en ma qualité de grand chef de parti ; mais nous étions
trop réjouis de ce que nous entendions, et trop certains que la visite en question ne serait jamais faite,
pour penser à autre chose qu'à la comédie ainsi jouée
pour nous quatre par ce haut et illustre personnage.
Et chez l'évêque ! « Monsieur l'évêque, — ici il se
« reprenait avec de grands gestes, — Monseigneur,
« tout en maintenant l'indépendance de la raison... » ;
mais non, il vaudra mieux ne pas le dire ; parlez
seulement de votre respect pour l'Église. « Je sais,
« Monseigneur, que la philosophie n'aura jamais d'in-
« fluence que sur les classes lettrées, et que la reli-
« gion est nécessaire pour le peuple. Elle est même
« nécessaire à la philosophie, pour lui frayer la voie
« ou compléter son action. » Et là venaient des consi-
dérations très élevées sur les deux sœurs immortelles,
car c'est nous qui en avons eu la primeur, et c'est à
Cousin que M. Thiers les a empruntées. Nous étions
trop remplis d'arrogance philosophique pour goûter
ce qu'il y avait de réellement fort dans le discours
qu'il nous faisait tenir ; et nous ne pensions qu'à la
stupéfaction de l'évêque si nous nous avisions d'aller

lui faire à domicile une leçon de théologie, et à celle
de Cousin lui-même si l'évêque lui écrivait qu'un
petit professeur de philosophie, frais émoulu de
l'École normale, était allé lui jouer une scène imper-
tinente dans son palais.

Il nous donnait d'utiles instructions sur l'emploi
de notre temps, sur nos études particulières et sur la
manière de faire la classe. Il indiquait quelques livres,
le *Discours de la Méthode*, la *Connaissance de Dieu
et de soi-même,* de Bossuet, l'*Existence de Dieu,* de
Fénelon; le Père Buffier. Leibniz est un peu difficile
pour des enfants. « Ne songez pas à Malebranche;
c'est un malade. De mes livres, prenez surtout la
Réfutation de Locke, la *Préface* de 1826, le premier
volume des *Fragments.* »

M. Damiron raconte, à la gloire de M. Cousin, que
ses élèves de l'École normale étaient parfaitement
libres de ne pas lire ses livres, qu'ils pouvaient les
discuter, qu'il admettait la contradiction avec une
bonne grâce parfaite, qu'on était là, pour ainsi dire,
entre amis. C'est admirable. Il en était certainement
ainsi, puisque Damiron le dit, du temps de Damiron.
On était entre amis, je le crois bien : on était même
entre camarades de collège. Cousin avait connu
Bautain et Damiron sur les bancs; il les tutoyait.
Mais plus tard il parlait non seulement en supérieur
hiérarchique, mais en chef d'école. On l'aurait pris à
certains moments pour un camarade; si l'on s'éman-
cipait sur la foi des apparences, à l'instant la griffe
se montrait. Je sais par Damiron qu'il avait déjà,

étant enfant, l'habitude et comme l'instinct de la supériorité; si une discussion s'élevait, au lieu d'argumenter, il invectivait, il blessait, il écrasait. Il conserva ce caractère toute sa vie; il va sans dire que c'est surtout à l'École normale qu'il se montrait cassant et impérieux. Avec tout cela, il connaissait les élèves à fond, leurs défauts, leurs qualités, leurs aptitudes. Une fois placés dans des collèges hors de Paris, il ne les perdait pas de vue. Il correspondait avec tous ceux qui promettaient d'être quelque chose. Il indiquait des sujets d'étude, des thèses pour le doctorat. Il envoyait des listes de livres. S'il voyait ou s'il devinait qu'on faisait fausse route, vite il vous redressait. Il n'aimait peut-être pas beaucoup les soldats de son régiment, car au fond il n'était pas tendre; mais il aimait passionnément le talent et la philosophie. Personne n'avait plus d'action que lui pour éveiller, entretenir, développer l'amour du travail. Jouffroy n'avait pas, à beaucoup près, la même vertu de propagande. Son action ne s'exerçait que sur un petit nombre d'amis et de disciples, qu'il ne cherchait pas à accroître. Il était l'homme de l'intimité, comme Cousin était l'homme des foules. Jouffroy, quand on allait le chercher, était bon, tendre, secourable; Cousin n'était ni bon ni tendre, mais il allait vous chercher lui-même; il vous secouait; il vous forçait au travail. En un mot, c'était un maître; et quel maître! Je trouve à présent que nous n'étions pas reconnaissants autant que nous l'aurions dû. Les petits côtés nous cachaient les grands.

Au sortir de l'École normale, c'est la règle absolue
de se présenter au concours de l'agrégation. Les
futurs professeurs de philosophie retrouvaient là
M. Victor Cousin, qui a présidé tous les ans le jury
pendant vingt-cinq ans. Non seulement il y sou-
mettait ses anciens élèves de l'École normale à une
nouvelle et décisive épreuve; mais il y jugeait tous
les candidats étrangers à l'École. Ainsi tous les professeurs des collèges royaux lui passaient par les
mains, car il n'y a pas d'autre porte que l'agrégation pour entrer dans l'enseignement des collèges
royaux, qu'on appelle, depuis 1848, des lycées. Pour
être admis à concourir, il faut avoir fait ses trois ans
d'École normale ou deux ans de stage dans un collège. Élèves ou stagiaires, tous les candidats doivent
être licenciés ès lettres; on exigeait, de plus, sous le
règne de M. Cousin, le diplôme de bachelier ès
sciences physiques; on y a renoncé depuis. Il y
avait d'abord deux épreuves écrites, qui étaient éli-
minatoires; l'une sur un sujet de philosophie, l'autre
sur un sujet d'histoire de la philosophie. Chaque
composition durait six heures. Le sujet était donné
par le président. Les candidats admis aux épreuves
orales tiraient au sort un sujet de thèse; puis ils
tiraient au sort, parmi leurs concurrents, un adversaire. L'épreuve avait lieu le lendemain; le premier
posait une thèse sur le sujet donné; le second faisait des objections, auxquelles il était répondu; la
discussion durait pendant une heure; puis de nouveaux tirages avaient lieu pour de nouveaux sujets

et de nouveaux adversaires ; ceux qui avaient d'abord
posé les thèses faisaient, dans ce second jour, l'argumentation, et ceux qui avaient argumenté posaient
les thèses. Ces deux séances constituaient l'épreuve
de l'argumentation. Une troisième épreuve était celle
de la leçon, qui durait aussi une heure, et dont le
sujet, comme celui des deux argumentations, était
donné par le président, et tiré au sort par les candidats. On voit que le concours embrassait au moins
cinq journées, sans compter les journées de préparation. Quand les concurrents étaient nombreux,
chaque épreuve durait plusieurs jours, et l'agrégation se prolongeait pendant plusieurs semaines. Je
ne crois pas qu'il existe d'exercice plus fatigant
pour les candidats. Il est aussi très fatigant pour les
juges. Aucun des huit membres du conseil royal
ne manquait au devoir de présider chaque année
l'agrégation de son ordre. Et il ne s'agissait pas ici
d'une séance où l'on peut se lever, se distraire, se
désintéresser à certains moments de ce qui se passe ;
il faut être attentif à tout, depuis le commencement
jusqu'à la fin, noter tout, se souvenir de tout. J'ai
vu des séances commencer à huit heures du matin,
et durer jusqu'à six heures du soir, avec un intervalle d'une heure pour le déjeuner, et cela se répétait ainsi pendant plusieurs semaines. J'ai siégé
bien des fois dans le jury de philosophie avec
M. Cousin. Il y était étonnant. Non seulement il
était attentif à tout, mais il se rappelait tout. Au bout
de huit jours, au bout de quinze jours, les idées, les

nuances, le ton, le geste, le style; les hésitations,
tout lui était présent. La journée des membres du
jury ne finissait pas avec celle des candidats; on
restait en séance pour comparer les notes, pour discuter. Nouvelle discussion, et souvent très longue,
à la fin de chaque série d'épreuves. Le jury prenait
souvent pour cela plus d'une journée. La correction
des compositions écrites pouvait durer un mois ou
davantage quand les concurrents étaient très nombreux; mais en général il n'y en avait pas plus de
sept ou huit. On se doute bien que M. Cousin n'aimait pas la contradiction; pourtant il était obligé de
compter avec des collègues tels que Jouffroy, Damiron, Frédéric Cuvier, et même Cardaillac, dont il
avait été le suppléant au collège Bourbon, et qui
était resté fidèle à M. La Romiguière. Il savait plier
et flatter, mais il ne savait pas céder. Il ne pliait et
ne flattait que bien rarement. Son goût, son triomphe était l'attaque. Il recourait aussi à la raillerie, où
il était maître. On sortait tout meurtri d'une discussion avec lui, car il vous mettait dans l'alternative
de rompre absolument ou d'obéir. Au demeurant, il
était souverain dans le jury d'agrégation tout autant
qu'à l'École.

J'ai dit qu'il se souvenait de tout pendant la durée
du concours. Il s'en souvenait vingt ans, trente ans
après. Il avait une mémoire implacable. C'était une des
causes qui le rendaient si redoutable. Il dédaignait
souvent, il pardonnait quelquefois, il n'oubliait jamais
ni une qualité ni un défaut, ni une offense ni un mérite.

Après avoir franchi cette terrible barrière de l'agrégation, on restait sous sa main comme professeur. Il
pouvait vous garder à Paris ou vous envoyer au bout
du monde ; vous nommer titulaire ou vous condamner
indéfiniment aux suppléances, c'est-à-dire à la misère.
Il jouait quelquefois de ces tours, non par méchan-
ceté, mais parce qu'il aimait à lutter et à voir lutter.
Quand je commençai, en 1839, à le suppléer à la
Sorbonne, il fixa mes honoraires à mille francs par
an, quatre-vingt-trois francs par mois. Il savait, à n'en
pas douter, que je ne possédais pas autre chose au
monde. Il en était ravi. « Il s'en tirera », disait-il. Je
demeurais dans une mansarde au sixième étage, sur
la place de la Sorbonne. Il disait à mes camarades
qui passaient avec lui sur la place en lui demandant
de l'avancement : « Voyez Simon ; il est là-haut sans
feu dans son grenier, et il ne sait jamais aujourd'hui
s'il dînera demain ».

Il connaissait le nom et le dossier de tous ses soldats. Pour les élèves de l'École normale, il les avait
eus trois ans sous sa surveillance très directe et très
efficace. Il avait examiné la plupart des autres pour
la licence. Il les avait étudiés à l'agrégation, et quelques-uns, les malheureux, plusieurs années de suite.
Pour les régents des collèges communaux (on les
appelait dans ce temps-là des régents, ce qui était
fort ridicule ; à présent, ils ont le titre de professeurs),
pour les régents, dis-je, qui n'étaient ni licenciés ni
agrégés, il était bien obligé de s'en rapporter aux
notes des recteurs et des inspecteurs. Si l'un d'eux

publiait une notice, une édition, un article un peu
sérieux, à plus forte raison un livre, à l'instant Cousin le lisait, ou tout au moins, c'était son mot, le
subodorait. S'il ne valait rien, l'homme était perdu.
S'il y avait quelque trace de talent, Cousin devenait
du même coup son tyran et son protecteur ; il n'avait
de cesse qu'il ne l'eût forcé à donner tout ce qu'il pouvait donner, et qu'en revanche il ne lui eût fait une position digne de son talent. D'une manière ou d'une
autre, il n'y avait pas un professeur de collège royal
ou de collège communal, je parle des professeurs de
philosophie, qu'il ne connût sur le bout du doigt. Il
n'avait pas besoin de notes, sa mémoire lui suffisait.
Dès que vous prononciez le nom d'un professeur, il
pouvait vous dire sa résidence, son histoire, ses
grades (avec la date de ses examens), ses qualités, ses
défauts, et, s'il avait écrit, la liste de ses livres ou de
ses brochures, tout cela avec une sûreté de mémoire
et une exactitude de jugement qu'il était impossible
de surpasser.

C'était alors l'habitude des professeurs de philosophie (je n'ai pas à parler des autres) de venir à
Paris tous les ans, et d'y passer une partie de leurs
vacances. Les jeunes et les ambitieux venaient aussi
à Pâques, pour se faire voir plus souvent. On débar-
quait et, avant toutes choses, on allait chez Cousin.
La cour de la Sorbonne était pleine de philosophes.
On était sûr d'être reçu ; on n'était pas sûr d'être bien
reçu. Si l'on n'avait pas travaillé à quelque thèse ou
quelque mémoire, ou si l'on avait négligé sa classe, ou

si l'on s'était attiré quelque affaire, ce qui était bien
rare, il vous accueillait avec une dureté sans pareille.
Il avait des mots sanglants, comme quand il disait
d'un homme qui était de son rang, quoiqu'il ne fût
pas de son siècle (Cousin était du XVIIe siècle, et
l'autre du XXe) : « Je l'ai connu honnête et médio-
cre », et d'un autre : « Il est de ceux à qui Dieu a dit :
Tu ne te débrouilleras jamais ! » Et prenez encore
cette épitaphe, qu'il proposait pour un de ses meilleurs amis : « Ci-gît un tel, qui fut un chien, suivant
la définition de Platon, léchant la main de ses maîtres,
et mordant les mollets des ennemis de la maison ».
Je me rappelle l'aventure d'un de mes camarades,
homme très distingué, qui était professeur titulaire
dans une Faculté de province. Cousin était alors
ministre. C'était à une de ses réceptions du soir ; les
salons étaient pleins de grands personnages, de membres de l'Institut, de pairs de France, de députés et
aussi de professeurs, parce que c'était le moment des
vacances de Pâques. L'autre arrive, tout enfariné, en
redingote — il me semble le voir — une redingote qui
battait sur ses talons, avec un gros bouquin sous le
bras, sur lequel il fondait ses espérances de succès
et de gloire. Il marche droit à Cousin, écartant tout
le monde, et, sans penser seulement qu'il interrom-
pait une conversation : « Monsieur le ministre, dit-il
de sa voix la plus sonore, voici *mon livre !* Vous en
avez le premier exemplaire. Je vous demande la
chaire de ***, qui est vacante. » Tout le monde s'était
tu pour écouter et pour regarder ce parfait modèle du

7

cuistre. « Monsieur, lui dit Cousin en parlant plus haut que lui, vous remettrez votre livre à l'un des huissiers de mon antichambre. Quant à vous, je vous conseille de songer un peu plus à votre avancement intellectuel et moral, et beaucoup moins à votre avancement matériel. » Ces algarades n'étaient pas fréquentes, parce que le régiment marchait droit, mais personne ne se sentait à l'abri, et tout le monde était en haleine.

Une de ses grandes affaires était les candidatures académiques. Il était très puissant à l'Académie française et à l'Académie des sciences morales. Outre l'influence qu'il devait à sa grande valeur philosophique et littéraire, il y avait l'influence de sa langue. Toute élection, dans l'une ou l'autre Académie, était précédée d'une discussion des titres sérieuse, approfondie. Il était rare que Cousin n'y prît pas la part principale, et naturellement, devant cet auditoire d'élite, il faisait appel à toutes ses ressources. C'était un grand point d'être défendu par lui; attaqué par lui, on était perdu. C'était l'homme de son temps qui savait le mieux dédaigner. Je note en passant que sa prépondérance à l'Institut était encore un de ses moyens d'action sur son régiment, car il n'avait pas un officier qui ne voulût être de l'Académie, ni un sous-officier qui ne demandât au moins une récompense académique. S'il était pour vous, il n'y avait pas d'ami et de protecteur plus chaleureux et plus puissant; s'il vous repoussait, il y ajoutait tous les désagréments dont il pouvait s'aviser. Par exemple,

il était rare qu'il ne vous fît avaler l'éloge de votre
adversaire. Il fut impertinent avec Michelet, qui le
détestait, ne s'en cachait pas, et lui rendit coup
pour coup. Le hasard me rendit témoin de cette
passe d'armes. Ils avaient l'un et l'autre à qui parler.
Quand M. Ancelot lui demanda sa voix pour l'Académie française, il fit précéder sa visite par l'envoi
de ses livres. Le ballot, tout ficelé, était encore
sur la table quand M. Ancelot arriva. « Vous n'avez
pas fait tout cela? lui dit M. Cousin. Vous y avez
joint les œuvres de Mme Ancelot? — J'avoue, dit
l'autre, que j'ai cru.... — C'est ce que vous pouviez
faire de mieux », lui dit M. Cousin. « Je ne voterai pas
pour le ménage, me dit-il dès que M. Ancelot fut
parti. La femme est une précieuse ridicule, et le mari
est un sot. » Il ne traita pas ainsi Jouffroy, qui ne lui
en donna pas l'occasion; c'est à moi qu'il fit confidence de son opinion à ce sujet. « Je suis bien embarrassé pour l'Académie française, me disait-il. Je
n'ai personne. — Prenez Jouffroy. — Ah! le pauvre
Jouffroy (avec tous ses grands gestes)! S'il vous
entendait, il rougirait jusque derrière les oreilles. »
Je pourrais citer bien d'autres aventures. Voici la
mienne. J'étais candidat pour l'Académie des sciences
morales et politiques, et ma candidature marchait
assez bien, lorsque mon ancien maître, M. Garnier,
eut l'idée de se présenter en concurrence avec moi.
Je ne me serais jamais présenté contre lui; mais je
n'eus pas la vertu de me retirer devant lui. Cette
situation m'était très pénible. Pendant deux mois

qu'elle dura, je n'allais pas une fois chez M. Cousin qu'il ne me fît l'éloge de mon concurrent ; il lui découvrait tous les jours de nouveaux mérites, à mon intention ; et quand il m'avait bien torturé avec les louanges de M. Garnier, il se mettait à discuter mes pauvres livres. J'avais beau lui dire que, suivant moi-même, ils ne valaient rien, et que je ne demandais qu'à les oublier ; il revenait tous les jours à la charge, et chaque fois avec un redoublement de verve. Vous croyez peut-être que, comme conclusion, il me conseillait de me retirer ? Au contraire. Il m'énumérait les candidats courageux qui avaient été battus quatre fois avant de pénétrer dans le sanctuaire. Il y avait même un de ses confrères qui s'était présenté six fois. Et il ne manquait pas de conclure que la persévérance était aussi un mérite.

Où il se déployait à l'aise, c'était aux examens de doctorat. Ils se faisaient à peu près dans le désert. On en a appris le chemin depuis que M. Caro, M. Janet et leurs collègues y font assaut d'érudition et de dialectique. Mais alors on y pouvait entendre dans la même séance M. La Romiguière, M. Damiron, M. Jouffroy, M. Cousin. Nous n'étions jamais dans la salle qu'une quinzaine de gens du métier, candidats futurs ou amis des candidats. M. La Romiguière était doux et poli, mais entêté, et, comme il parlait la langue d'une autre école, on ne l'entendait pas toujours. Il était très vieux quand je l'ai connu (soixante-dix-huit ans en 1834), et, comme Cousin nous poussait à faire

des thèses sur les philosophes de l'antiquité grecque,
il y était fort dépaysé, lui qui ne connaissait que les
dialogues de Platon traduits par le P. Grou. Damiron,
le pauvre et cher maître, avec sa bonté et sa modestie
ordinaires, songeait uniquement à faire briller le
candidat. Quand Jouffroy était en présence d'un candidat capable et d'un sujet de psychologie ou de
morale qui lui plaisait, il argumentait et parlait longuement, avec cette précision, cette clarté et cette
autorité ferme et calme, que personne n'égalait. Il
était quelquefois impitoyable. Je l'ai entendu dire à
un candidat qui l'avait obligé de revenir sur une
démonstration : « Vous comprenez cela ou vous ne
le comprenez pas; mais si vous ne le comprenez
pas, je vous plains ». L'autre fut tellement démonté
qu'après quelques efforts pour répondre à l'examina-
teur qui suivait, il ne put retrouver ses esprits et se
retira. Jouffroy n'hésitait pas à se récuser, quand le
sujet ne lui était pas familier. A ma soutenance, il me
dit : « Je suis venu pour voter pour vous après vous
avoir applaudi, mais je n'ai pas compétence pour
parler de l'école d'Alexandrie ».

Cousin était persuadé de sa compétence sur toutes
les matières possibles, et je crois vraiment qu'il avait
raison. Il n'y avait pas de sujet au monde sur lequel
il ne pût improviser une étincelante causerie. Il savait
d'ailleurs une foule de choses sur une foule de sujets
divers, parce qu'il avait l'esprit toujours en éveil, et
qu'il ne perdait rien de ce qu'il avait une fois su. Dès
qu'il était là, on savait qu'il parlerait, et longuement,

si longuement quelquefois qu'il ne laissait pas de
place aux autres. Il s'en inquiétait peu, car il n'était
pas d'une politesse recherchée. Et d'ailleurs, comme
il venait là pour lui, et pour lui seul, c'était pour lui
seul aussi que les auditeurs étaient venus. Il était
bon logicien, mais redoutable surtout parce qu'il était
sans égards et sans scrupules. Le candidat, qui avait
souvent passé un ou deux ans à creuser son sujet, se
savait fort, même devant Jouffroy, de toute la force
de sa préparation; mais, dès que Cousin prenait la
parole, on se sentait à sa merci. Il voulait vous faire
briller ou vous faire échouer; on le voyait sur-le-
champ, et on savait qu'il en serait comme il avait
décidé. Il ne faisait pas, comme Jouffroy, une leçon;
il faisait une conversation, mais à sa manière, c'est-
à-dire en une série de monologues.

J'ai déjà dit que, dans la conversation, il était sans
rival; les mots heureux, les idées neuves, les compa-
raisons, les anecdotes lui arrivaient en foule, et il en
disposait avec une liberté d'esprit et une maestria
incomparables. Il passait de la plaisanterie à l'émotion et des plus grandes choses aux minuties avec
une aisance qui mettait tout de plain-pied. On ne
pouvait pas s'ennuyer, parce que les aspects changeaient à chaque minute, ni s'impatienter, parce qu'il
y avait toujours profit à l'entendre. Il vous annulait
pendant la durée de l'opération, mais au sortir de
là vous étiez fortifié. C'était comme une magie.
Ajoutez que ce n'était pas son esprit seulement
qui était merveilleux; c'était le compagnon de son

esprit, dont il faisait ce qu'il voulait, sa voix qui prenait tous les tons, ses yeux riants ou terribles, sa
bouche éloquente, ses gestes légèrement exagérés,
sans cependant blesser le goût, car il était de l'école
et du monde de Platon et ne perdait jamais la mesure, même dans ses plus audacieuses fantaisies. Il
avait une qualité que je n'ai rencontrée chez aucun
autre causeur ; il leur faut un public d'une certaine
nature ; Sainte-Beuve n'avait d'esprit qu'avec les
hommes d'esprit ou les jolies femmes ; je n'ose pas
dire que Saint-Marc Girardin en avait surtout quand
on était entre cuistres ; à Villemain il fallait une
chaire ou un salon. Cousin était prêt partout, sur
tout, et avec tous. Peu lui importait l'interlocuteur.
Qu'il y eût toute une chambrée ou une seule personne, et que ce fût un homme d'esprit ou un sot,
Cousin poursuivait sa pointe s'il était en humeur
de trouver et de parler. Apparemment qu'entre autres créations qu'il faisait l'une sur l'autre dans ces
moments-là, il se créait aussi un public qui le comprenait et l'applaudissait. Le public, le vrai, celui
qui était là, à côté de lui sur une chaise, et qui s'émer-
veillait que Cousin voulût bien se donner tant de mal
à son intention, aurait été bien surpris d'apprendre
tout à coup que Cousin ne pensait pas à lui, ou le
regardait comme un parfait imbécile.

Je pense que les huit mois de son ministère ne
furent pas les plus heureux de sa vie. Il était heureux
d'appliquer certaines idées qu'il avait longuement
mûries, de faire quelques bonnes créations, dont je

parlerai tout à l'heure; heureux aussi d'être le premier, d'être le maître, de parader, car il avait de ces
faiblesses, d'avoir la préséance à la cour et dans les
salons, de n'être plus à un cran au-dessous de Villemain; le grand et le petit se mêlaient beaucoup en lui,
comme le bon et le mauvais. Il avait longtemps dé-
siré cette place; il en aimait jusqu'aux enjolivements.
Il se promenait un soir avec moi dans l'avenue Ga-
briel, dans les derniers jours de février 1840, et, en
me montrant les beaux jardins qui bordaient un côté
de l'avenue, il me disait : « J'aurai peut-être demain
des jardins comme cela. — Quoi! lui dis-je, vous avez
fait fortune? — Mieux que cela, je vais être ministre.
Nous avons rendez-vous ce soir chez M. Thiers. Il
me presse; il insiste. Je ne puis pas refuser. Il faut
marcher avec ses amis! » Et là-dessus il me parlait
de son *Platon,* « qui n'était pas fini ». Mais je me
disais en moi-même que, s'il n'y avait pas d'autre difficulté que *Platon,* le ministère était fait. Il partit le
lendemain, à pied, pour la rue de Grenelle, où Louis,
son domestique, avait fait porter par un commission-
naire une malle contenant quelques effets. Il n'eut
pas d'autre embarras pour son installation.

On peut raconter ces petitesses sans le diminuer,
car rien de tout cela ne l'aurait retenu une minute si
son honneur lui avait conseillé de partir. Il l'a bien
montré; c'est lui qui disait au roi, dès le commencement de l'affaire d'Égypte : « Renvoyez-nous! » Je
crois que, tout en se gaudissant de ses grandeurs,
il en était gêné et embarrassé. Il commençait un

discours familier avec une vieille connaissance, et il s'arrêtait tout à coup, de peur de se manquer de respect. Quand il tenait une plume pour donner des signatures, il sentait comme une démangeaison d'écrire une page sur Jacqueline Pascal. Il monta une fois dans son ancienne chaire de la Sorbonne, mais c'était pour présider la distribution des prix du concours général et pour lire un discours écrit. Quel triste contraste avec le passé!

Il déploya une grande activité pendant son ministère, et pourtant il ne fit pas de grandes révolutions. Il avait été associé de trop près à l'administration de ses prédécesseurs pour avoir besoin de réparer la maison; il était comme un ancien locataire qui devient acquéreur de l'immeuble. Il trouvait chaque chose à la place où lui-même l'avait mise.

Il ne faudrait pas croire que le ministre ne retrouvait les traces du conseiller que dans les affaires de la philosophie. Ce serait bien mal connaître Cousin, qui avait pour habitude de se mêler de tout. Il n'aurait pas souffert qu'on se mêlât de son régiment, mais il se mêlait volontiers du régiment des autres. On me dirait qu'il a bataillé avec M. Thenard sur la chimie, que je n'en serais pas surpris. Il avait d'ailleurs, sur certaines parties étrangères à sa spécialité, une compétence très étendue.

Il était, la veille, administrateur de la philosophie; mais il était loin d'être étranger à l'instruction primaire, qui était, depuis M. Guizot, un des services les plus importants. Il avait collaboré à la loi de 1833.

Il s'en attribuait la paternité, qu'il faut maintenir
à M. Guizot. Cousin n'a écrit la loi que d'après ses
inspirations et sous ses ordres. Il n'en est pas moins
vrai qu'il l'a écrite, et que même l'exposé des motifs
est de sa main. Il était depuis longtemps compétent
dans la matière, ayant été chargé, en Allemagne et
en Hollande, de diverses missions qui ont donné
lieu à des rapports très nourris de faits et d'idées.
Il n'avait donc rien à changer à la loi de 1833. Une
de ses préoccupations fut de développer les écoles
primaires supérieures. Il leur aurait donné, si le
temps ne lui eût fait défaut, une très grande importance, car il pensait avec raison que les écoles du
premier degré forment des ouvriers, que les collèges
forment des savants et des lettrés, et qu'il faut des
écoles moyennes, ou écoles primaires supérieures,
pour faire des contremaîtres, des comptables, de
petits patrons. C'est à peu près la même pensée qui
a donné lieu plus tard à la création de l'enseignement secondaire spécial; seulement, en 1840, l'industrie n'avait pas le même développement que de
nos jours; les chefs d'industrie avaient moins de
prétentions et moins de besoins intellectuels; les
écoles primaires supérieures suffisaient.

Cousin pensait qu'il y avait trois inconvénients à
remplacer ces écoles par de mauvais collèges : celui
de ne pas donner à la petite bourgeoisie un enseignement dont elle a besoin; celui de donner à des
incapables un enseignement qu'ils ne comprennent
pas, et qui leur inspire de l'orgueil sans leur pro-

curer aucune ressource ; celui enfin d'abaisser dans
nos collèges l'enseignement littéraire, qu'on pourrait évidemment renforcer s'il était exclusivement
réservé à une élite. Ne donner aux masses que l'instruction strictement nécessaire, mais la donner lar-
gement, au peuple entier ; donner aux classes intermé-
diaires une instruction positive, pratique ; ne leur
enseigner que des choses utiles ; au contraire, pousser aussi loin que possible la culture intellectuelle
dans les écoles réservées aux hautes classes et aux
intelligences d'élite, tel était son plan d'ensemble,
auquel se rattachent les ordonnances, arrêtés, circulaires, programmes émanés de lui.

L'enseignement supérieur, les facultés, le Collège
de France, les grandes écoles sollicitaient tout particulièrement son activité. Il se hâta de créer les
agrégés de facultés, destinés à être les auxiliaires
des professeurs titulaires, et à leur fournir des sup-
pléants. C'était l'importation en France des *privat-
docenten* allemands. De cette institution sont sortis
les maîtres de conférences actuels, avec cette différence qu'on les nomme aujourd'hui directement, et
que Cousin les faisait arriver par le concours, assimilant ainsi le règlement des facultés des lettres et
des sciences à celui des facultés de droit et de médecine.

Un de ses grands projets était d'avoir des villes
universitaires, à l'exemple de l'Allemagne, où Iéna,
Gœttingue, Heidelberg et tant d'autres villes rivali-
sent de science et d'éclat. De même en France, il

voulait multiplier les centres d'activité intellectuelle, créer un ensemble de facultés dans les chefs-lieux de nos anciennes provinces. Une faculté des lettres isolée n'a pas même d'auditeurs; mettez à côté une école de droit et une école de médecine, l'ensemble est florissant. En formant ce projet, en soi excellent, il oubliait que si Rennes ou Lyon ont autant qu'Iéna ou Gœttingue les aptitudes nécessaires pour devenir de grands centres de travaux intellectuels, nos grandes villes ont à subir l'écrasante prépondérance de Paris. L'Allemagne était alors divisée en une foule de petits États, et Berlin même, comparé à Paris, n'était qu'une petite ville.

L'initiative des transformations de l'enseignement supérieur appartient à Cousin. Le temps lui manqua, non les idées. Il était plein de projets quand il partit, et pourtant il n'avait cessé de travailler et de produire. D'autres ministres, qui ont duré plus longtemps, ont fait plus. Aucun n'a fait autant dans une durée si restreinte. Il recherchait ardemment la publicité pour tous ses actes. Damiron lui disait : « Tu fais trop de bruit ». Il le regardait dans le blanc des yeux sans lui répondre, et recommençait à faire du tapage. Il en a fait encore sur son ministère après sa chute, puisqu'il s'est chargé lui-même d'écrire l'histoire des grandes choses qu'il avait faites.

Il avait été obligé, après de longues hésitations, à se donner un successeur dans son régiment, c'est-à-dire à nommer un conseiller au Conseil royal chargé de diriger la philosophie. Il avait pris Jouffroy; il le

fallait; il n'avait pas songé un instant à en prendre
un autre. Jouffroy n'était pas un lieutenant; c'était
bel et bien un colonel, de sorte que Cousin, en mon-
tant en grade, avait perdu le pouvoir auquel il tenait
le plus. Dans quel état retrouverait-il son régiment,
au sortir de là? Et l'École normale? Et sa bibliothèque, une autre partie de son cœur? Je suis sûr
que quand il traversait la rue du Bac dans son
équipage pour aller dîner chez le roi, il lui arrivait
de regretter les promenades que nous faisions ensemble le soir, dans ces mêmes rues et dans la rue
Saint-Jacques, car nous faisions, comme on dit, le
tour de l'îlot, ayant chacun, le pair de France et le
prestolet, pour deux sous de marrons grillés dans
nos poches, et les croquant au nez des passants, qui
ne se doutaient pas qu'ils coudoyaient un des plus
grands écrivains du pays.

Enfin il tomba. Le rêve n'avait duré que huit mois.
La chute lui fut rude, surtout dans les premiers
temps, parce que tout lui manquait à la fois, son
empire et son régiment. Il se déclara réduit, pour
vivre, aux expédients. Il m'avait repris, bien entendu,
les appointements de professeur titulaire dont j'avais
bénéficié pendant tout un trimestre; mais la place de
conseiller, que Jouffroy n'offrait pas de lui rendre,
valait douze mille francs par an. Ces douze mille
francs disparus le mettaient dans la gêne. Il m'en
faisait la confidence tous les soirs, et j'étais un
confident singulièrement choisi pour cette sorte de
doléances. Il se lamenta tant et si bien que le bruit

en vint jusqu'au roi. Le roi l'aimait, et il ne lui
convenait pas qu'un de ses anciens ministres fût
dans l'embarras. Il en parla à M. de Rothschild, qui
offrit aussitôt une place dans un conseil de chemin
de fer. Mais voilà ce que devront méditer les adversaires de Cousin, habitués à crier contre son
avarice : il refusa sans hésitation. « Ce n'est pas
une place d'académicien », dit-il. Rien ne pouvait le
dédommager de cette place du Conseil royal, qu'il
aimait beaucoup pour le traitement, et beaucoup plus
pour l'autorité. S'il me parlait avec mélancolie de
sa bibliothèque, à laquelle il ne pourrait plus, comme
avant son ministère, consacrer six mille francs tous
les ans, il me parlait bien plus des nouveautés intro-
duites dans le régiment. Il faut être juste ; les douze
mille francs n'étaient rien auprès de ces nouveautés,
qui lui déchiraient le cœur. « C'est un honnête
homme ; c'est mon ami. Un grand esprit, si vous
voulez ; un philosophe même ; un continuateur de
Dugald Stewart, un peu plus étroit que son maître.
Mais cette dernière circulaire !... » Pour comble, le
régiment s'y prêtait ; il tournait le dos aux Éléates
et à l'école d'Alexandrie ; il était tout à la psychologie. « Que dirait Schleiermacher ? »

Jouffroy mourut au commencement de 1842. Cousin
put rentrer au Conseil royal. Il lui sembla, en y rentrant, qu'il y avait siégé la veille, tant les choses et
les personnes étaient présentes à son esprit. Il fut
persuadé qu'on se réjouirait de son retour jusqu'au
fond de l'Allemagne. En France, je veux dire dans

les collèges français, on fut partagé. Jouffroy avait
presque autant d'amis ; il avait beaucoup moins d'ennemis, ou plutôt il n'en avait pas. En somme, on
n'aurait pas dû hésiter entre le maître et l'élève.
Jouffroy n'avait ni l'activité infatigable, ni la vivacité
d'esprit, ni l'étendue de vues, ni la variété de connaissances, ni l'attachement sans bornes à sa tâche et
à sa mission, qui faisaient de Cousin un directeur
incomparable. Je pensais quelquefois qu'il aurait dû
naître au xve siècle, et être abbé général de Cîteaux
ou de Cluny. Il aurait peut-être agité l'Église, je ne
le crois pas ; mais il l'aurait, à coup sûr, illustrée par
ses travaux et par les travaux de ses disciples. Il est
certain que l'Université et la philosophie universitaire ne pouvaient souhaiter ni un défenseur plus
habile, ni un maître plus capable et plus dévoué. Je
ne dis pas un plus doux maître.

On se plaignait beaucoup de lui, comme on se
plaint toujours des tout-puissants. Il était dur pour
les autres parce qu'il était dur pour lui-même. Ses
duretés étaient souvent une preuve d'estime. S'il
n'avait pas fait quelque cas de moi, il ne m'aurait
pas exposé à mourir de faim. C'est ce que je me dis
quelquefois en me reprochant de n'avoir pas eu toute
la reconnaissance que je lui devais. Il avait deux
désirs qui l'obsédaient : être juste, donner au talent
le moyen de se produire. J'ai beau me rappeler tous
les actes de son administration, je n'en trouve pas
qui ne prouve son amour de la justice et son dévoue-
ment pour les talents naissants. Il lui arrivait quel-

quefois de se retourner contre sa créature, quand le talent était formé et devenait éclatant. Je suis bien sûr qu'avant d'avoir peur de Jouffroy il l'aimait tendrement; et même à l'époque où il le jalousait, il l'aimait. Il l'aimait à sa manière, qui n'était pas une manière bien sentimentale ni bien profonde. Une nomination à faire, dans quelque collège obscur, quand il y avait plusieurs candidats dont les mérites se balançaient, était pour lui une grosse affaire. S'il s'agissait d'un poste important, d'une chaire dans un grand collège royal, et surtout d'une chaire à Paris, il n'avait plus d'autre pensée. Il en souffrait, il s'en tourmentait. Il se décidait toujours par les meilleures raisons. Le choix fait, il était désolé pour la victime, à condition pourtant qu'il ne la vît pas. Car, si le malheureux venait se présenter devant lui, il le bousculait, il le terrifiait. On aurait dit qu'il avait été condamné par quelque mauvais génie à se faire méconnaître.

Il aurait pourtant dû être aimable, car il était content de lui-même. On dit que les grands hommes ne sont jamais contents de ce qu'ils ont fait. Si cela est vrai, c'est pour les petits grands hommes, pour les grands hommes de seconde classe. J'ai toujours vu les hommes vraiment grands satisfaits d'eux-mêmes. Je pense que c'est de ce sentiment que parle Michelet, quand il dit que les grands hommes ont la joie. Cousin avait la joie de savoir ce qu'il valait. Il se sentait nécessaire. Je rencontre un jour (c'était un an ou deux avant 1848) Pierre Leroux, qui se met à dé-

blatérer contre les éclectiques. « Au reste, me dit-il,
tout cela va tomber avec Cousin. Quand Cousin dis-
paraîtra, toute votre bande de professeurs et toute
votre école disparaîtront avec lui. » J'étais tout bouil-
lant après cette conversation, car je ne pensais pas
que nous fussions si peu de chose. Je la racontai à
Cousin, qui déjeunait avec du pain et du miel. « Il a
raison », me dit-il paisiblement en mangeant sa tar-
tine. Je vous prie de croire qu'il n'était pas toujours
si décourageant.

Il admirait trois choses de son temps : la Charte,
à laquelle succéda dans sa pensée la monarchie de
Juillet, la philosophie de Schelling et de Hegel, qu'il
croyait avoir perfectionnée, et le Conseil royal, dont
son département était le mieux conduit et le plus dis-
cipliné. Entendez bien qu'il s'agit de l'ancien Conseil
royal, du vrai, du grand, tel qu'il était sous Guizot,
Villemain et Cousin ; du Conseil des huit en un
mot. M. de Salvandy, sous prétexte de l'agrandir, le
déshonora, en y introduisant des nullités. C'était du
moins l'avis de Cousin, que cette prétendue réforme
avait exaspéré. Il lui sembla que M. de Salvandy
touchait à l'arche sainte. Quand Duruy fut nommé
ministre de l'Instruction publique, il eut la pensée
de faire d'abord une visite aux deux ou trois grands
universitaires de Paris. Il ne manqua pas d'aller chez
Cousin à la Sorbonne. « Que feriez-vous de plus
important, lui dit-il à la fin d'une longue conversation, si vous étiez à ma place ? » Cousin mit son men-
ton dans sa main, et réfléchit profondément pendant

quelques minutes. Puis tout à coup, sortant de ses nuages, il répondit solennellement : « Je rétablirais le Conseil des huit ».

Les résultats obtenus par M. Cousin pendant un règne de plus de vingt ans furent considérables. D'abord il forma un corps de professeurs très distingués, très savants, très circonspects, qui ouvraient les esprits sans les troubler, et dont l'enseignement, venant à la suite du cercle entier des études littéraires, l'éclairait et le complétait. Il faudrait, pour bien apprécier le service ainsi rendu à la philosophie et aux études, se rendre compte de ce qu'était l'enseignement philosophique depuis 1810, date de son rétablissement dans l'Université, jusqu'à 1831, date de l'entrée en fonctions de M. Cousin. M. Royer-Collard y avait mis un peu d'ordre ; mais, au fond, on enseignait la logique, en latin, d'après un recueil anonyme qui s'appelait *la Philosophie de Lyon* ; on faisait quelques déclamations sur Dieu et sur la destinée de l'âme ; on lisait quelques pages de Descartes, ou de Fénelon, ou de La Romiguière ; à l'exception de cette logique, qui était barbare, tout cela n'était qu'une rhétorique un peu renforcée. Le français y paraissait, comme un humble satellite, derrière le latin, qui était la langue dominante. C'est M. Cousin qui mit partout des agrégés ; c'est lui qui remit le français à sa place ; lui qui imposa un programme uniforme et le fit accepter jusque dans les plus humbles collèges. M. Janet remarque que ce programme prescrit les questions et ne prescrit pas

les solutions. Cela est vrai, et cela était nécessaire pour le faire accepter. D'ailleurs, le même programme servant pour les classes et pour le baccalauréat, il ne pouvait être question d'imposer dans les
examens, au nom de l'État, une philosophie orthodoxe.
Aucun système n'était donc imposé ; il était seulement
entendu qu'on enseignerait partout l'existence de
Dieu, la providence, la spiritualité, et l'immortalité
de l'âme, le libre arbitre, le devoir. Si un professeur
avait bronché sur un de ces points, à l'instant il aurait
trouvé sur lui la main de M. Cousin. Je ne l'en blâme
pas. On n'avait pas encore inventé la neutralité de
l'enseignement ; tout le monde croyait, dans ce temps-
là, et, grâce à Dieu, je continue à croire qu'il n'y a
aucune différence entre un enseignement neutre et
un enseignement nul.

Un autre point que M. Cousin avait conquis, c'est
que tout professeur se donnait à lui-même une tâche :
étudier une question de psychologie ou de métaphysique, traduire ou commenter un philosophe ancien,
tirer des limbes un ouvrage, une doctrine méconnus.
A l'exception de quelques vieillards qui achevaient
leur carrière dans l'oubli, toute la jeune Université
était à l'œuvre. Les académies n'avaient de couronnes
que pour elle. Si je faisais l'éloge de M. Cousin, au
lieu de faire son portrait, je voudrais placer, à côté
de ses ouvrages, la liste de ceux qu'il a suscités, et
ces deux listes seraient également glorieuses pour
lui ; car il ne se bornait pas à donner le goût du travail, il était toujours prêt à indiquer des sources, à

fournir des idées, même à lire des manuscrits, et à
montrer comment il fallait les refondre pour les rendre
dignes d'être publiés. Il était, en France, une sorte
de professeur universel.

M. Janet affirme qu'il était chef d'école, et, en même
temps, qu'il laissait les professeurs de l'Université
libres dans leur enseignement. Je conteste l'un et
l'autre point. Il a eu quelques disciples, et ces disciples mêmes sont, à beaucoup d'égards, des dissi-
dents. Son propre système n'était pas assez fortement conçu, et il n'y adhérait pas avec assez de
persévérance pour fonder une école. Ce qui semble
contradictoire, c'est qu'il considérait tous les professeurs de philosophie comme chargés de porter la
parole en son nom. Pourquoi faisait-il un cours de
troisième année à l'École? Pour y remplir de son
esprit les jeunes maîtres. Il leur indiquait très expressément ceux de ses livres qu'ils devaient prendre
pour base de leur enseignement. Il se faisait renseigner par les inspecteurs généraux, et, quand un
récalcitrant ou un hésitant venait à Paris, il était
reçu et traité selon ses mérites.

M. Damiron exalte, comme M. Janet, la grande
liberté que Cousin laissait à ses élèves. Je pense
bien que Damiron et ses amis, élèves à l'École normale de leur ancien condisciple qui enseignait la philosophie avant d'en avoir une, n'étaient pas astreints
à une trop forte discipline. Il n'en fut pas ainsi au
bout de quelques années. On n'était libre que nomina-
lement. On n'avait que la liberté de se casser le cou.

M. Janet peut se renseigner auprès de nos deux collègues MM. Waddington et Hatzfeld. Quand la révolution de Février est venue mettre un terme à la domination de Cousin, ils étaient occupés, sous sa direction, à composer un Manuel de philosophie élémentaire, où il n'entrait que des passages de ses différents livres, bien coordonnés entre eux pour constituer un système régulier, complet et irréprochable. Ce manuel aurait été autorisé officiellement, et imposé officieusement. La philosophie aurait eu son catéchisme. Elle avait déjà son évêque.

Comment les professeurs auraient-ils été libres sous un chef qui avait été leur maître à l'École normale et leur juge à l'agrégation, qui était leur espérance à l'Académie, qui ne les quittait pas de l'œil une minute, qui était renseigné sur toutes leurs paroles, qui lisait tous leurs écrits, qui était investi des droits les plus absolus sur toute leur carrière? Et lui-même, comment aurait-il pu être libéral, dans la position où il se trouvait? Il voulait l'être. C'était un de ces libéraux qui disent : « La philosophie, c'est moi ! » Jamais Hegel, Leibniz ou Descartes n'aurait pu rêver une autorité aussi despotique. La France avait remis l'enseignement de la philosophie dans ses mains, et je puis attester que c'étaient des mains aussi fermes que puissantes.

Il restait à Paris deux professeurs attachés à la doctrine de M. La Romiguière, MM. Valette et Safary. Bien leur en prenait d'être titulaires et de n'avoir ni ambition universitaire ni ambition académique. Quand

M. Thiers fut rapporteur de la loi sur l'instruction
secondaire, M. Safary accourut chez lui pour se
plaindre du despotisme de M. Cousin. M. Thiers me
disait : « Je l'ai saboulé ! » Le plaisant est que, quand
Thiers s'avisait de faire de la philosophie, il était plus
près de La Romiguière, et par conséquent de Safary,
que de Cousin. Quant à Valette, on lui offrit avec
instances un suppléant. « Il vous suppléera pour douze
cents francs ! » C'était bien tentant. Valette résista.
Que fit-on ? Le futur suppléant fut chargé de faire une
conférence avant la classe. On avait choisi un jeune
garçon, frais émoulu de l'École normale, qui avait le
caractère bienveillant et la parole facile. M. Octave
Feuillet, qui était alors en philosophie au collège
Louis le Grand, peut s'en souvenir. On laissa entendre aux élèves que, s'ils voulaient avoir des prix
au concours général et des boules blanches au baccalauréat, il fallait écouter le maître de conférences,
et se boucher les oreilles aux leçons du professeur.

Cette domination était très dure ; les professeurs en
étaient humiliés. Ils souffraient surtout des étroites
limites dans lesquelles on resserrait leur enseignement. Cousin voulait que l'Université fût irréprochable, parce qu'il la voyait très fortement attaquée.
Les professeurs ne voyaient pas aussi bien que lui le
péril. Ils se reposaient sur lui du soin de le conjurer.
Mais ici se termine le rôle purement administratif de
Cousin. Nous touchons à son rôle politique, qui doit
être étudié à part.

CHAPITRE IV

LES BATAILLES

Les philosophes qui cherchent la vérité au fond de leur cabinet sont bien à leur aise. Ils s'efforcent de la découvrir par les moyens et avec la méthode qui leur semblent les plus efficaces, et, quand ils l'ont découverte, ils la disent sans autre arrière-pensée, dans leurs études, que d'être exacts, et, dans leurs discours, que d'être clairs.

Ils avaient un autre souci autrefois, du temps des religions d'État et des pouvoirs absolus ; car ils pouvaient, en disant la vérité, exposer leur liberté et leur vie. Les plus courageux bravaient tout et mouraient en héros. D'autres rusaient avec l'ennemi, adoucissaient ou voilaient leur pensée, ne disaient pas tout, afin de dire au moins quelque chose. D'autres enfin cherchaient sur la carte du monde un pays où l'on eût la liberté d'avoir raison. C'est ce que fit Descartes, qui pourtant ne manquait pas de bravoure.

L'enseignement de la philosophie dans les maisons

d'éducation soulève certainement, à côté des problèmes philosophiques, un problème politique. Écartons d'abord comme ignoble la pensée d'enseigner ce qu'on ne croit pas, ou d'enseigner comme certain ce dont on doute. Il est clair que, pour donner un enseignement qui contient la morale et qui conclut à la morale par toutes ses parties, il faut avoir, avant tout, le cœur droit et l'esprit ferme. Mais il y a lieu de se demander si toute doctrine est bonne à enseigner à des enfants.

Moi, père de famille, je veux que la philosophie soit enseignée à mon fils. Est-ce que j'entends par là qu'on lui enseignera une philosophie matérialiste ou une philosophie spiritualiste, au gré du professeur, et qu'il m'importe peu qu'on lui enseigne à croire en Dieu, ou à n'y pas croire, qu'on fasse de lui un chrétien ou un ennemi du christianisme? Il est manifeste que, si je suis dans cette indifférence sur la solution des questions, je dois préférer qu'on ne les soulève même pas. La philosophie que je veux pour mon fils n'est pas une philosophie quelconque; c'est une certaine philosophie déterminée. A Paris, où il y a plusieurs collèges, je choisirai après m'être informé de la doctrine du maître. Mais il se peut que je n'aie à choisir qu'entre ces deux alternatives : où pas de maître ou un mauvais maître. Le choix, pour un homme sensé, ne saurait être douteux; il répondra : « Pas de maître ».

Voilà pour le père de famille. Mais que fera l'État enseignant? Dirons-nous de lui ce que nous ne disons

pas du père, qu'il veut un enseignement philosophique, et que peu lui importe la philosophie qui est
enseignée? S'il est indifférent à ce point, à quel titre
se mêle-t-il de donner et de diriger l'enseignement?
On a inventé, tout récemment, par respect pour les
athées, un enseignement primaire qui est neutre,
c'est-à-dire nul; et cela veut dire précisément un enseignement primaire qui ne comprend aucune notion
philosophique; car si la philosophie y pénètre, sous
quelque forme que ce soit, adieu la neutralité, la philosophie étant, par définition, un corps de doctrine.
L'État enseignera donc quelque chose, s'il enseigne
la philosophie; et alors qu'enseignera-t-il? Sera-t-il
matérialiste ou spiritualiste? athée ou déiste? Pren-
dra-t-il un jeune maître de bonnes vie et mœurs, pourvu
des grades universitaires, pour lui dire : « Voilà mille
écus, enseigne ce que tu voudras » ? Ce sera une plaisante situation que celle d'un père de famille, qui n'a
jamais su, ou qui ne sait plus un mot de philosophie,
obligé de faire une enquête sur les doctrines du
maître avant de lui confier son fils, de suivre ensuite
son enseignement pour savoir s'il ne se produit pas
quelque modification dans sa pensée, et de retirer
brusquement son fils si le professeur est remplacé
dans le courant de l'année par un maître d'opinion
différente; et une situation non moins plaisante que
celle d'un État qui étale des doctrines comme des
marchandises de toute provenance, et les propose
au choix du public sans les avoir contrôlées, au
risque de ne vendre que du poison!

Du temps de Hobbes, qui est un temps fort éloigné, et du temps de Le Pelletier de Saint-Fargeau et de Robespierre, qui est un temps plus rapproché de nous, l'État se substituait entièrement au père de famille. Il avait la prétention plus qu'énorme d'élever les enfants suivant sa volonté et contre la volonté de leurs pères. L'État, dis-je; mais quel État? Un État qui avait des doctrines. Ces doctrines-là, quelles qu'elles fussent, étaient la couverture de son despotisme; car on n'avait pas encore, à cette époque, conçu la pensée d'opprimer au nom du néant. L'école neutre imposée par l'État est une invention du XIXᵉ siècle. Ce sera sa gloire.

Quand M. Cousin était au collège, la question était tranchée. L'Université impériale, en vertu de sa constitution, prenait pour base de son enseignement la religion catholique, ce qui revient à dire que la religion catholique était la religion d'État pour l'Université. Quand il commença d'enseigner à la Sorbonne, on était sous la Restauration; il y avait donc une religion d'État, non seulement pour l'Université, mais pour le pays. L'État, ayant une religion, l'imposait à ses professeurs, qui l'imposaient à leurs élèves. Il ne faisait aucune place à la liberté. Il n'y avait d'autre enseignement que le sien. L'enseignement privé n'existait que par son autorisation, sous sa surveillance, ou plutôt sous sa direction; et même pour la philosophie, il n'y avait pas d'enseignement privé; il fallait l'ignorer, ou l'apprendre dans un établissement de l'État. Lui seul présidait aux examens

qui ouvraient toutes les carrières, et ceux-là seuls
pouvaient se présenter aux examens qui avaient
étudié la philosophie dans ses collèges. Nulle place,
nul refuge pour la liberté, j'allais dire pour la philosophie, que je n'en sépare jamais. Ajoutons que la
liberté fut conquise pour l'État avant de l'être pour
les écoles. La révolution de 1830 abolit partout la
religion d'État, et la laissa subsister dans l'Université, avec cette seule différence qui, à la vérité, n'était
pas mince, d'être gouvernée par M. Cousin au lieu
de l'être par les évêques.

M. Cousin admettait parfaitement le despotisme
ainsi transformé. La royauté intellectuelle lui plaisait
depuis qu'elle était dévolue à un philosophe. C'était,
à ses yeux, l'avènement de la philosophie. Erreur
complète, ce n'était que l'avènement de M. Cousin.
La philosophie restait proscrite, puisque la liberté
restait supprimée. Je connais la liberté de penser,
disait M. Cousin, et je la réclame; mais je ne connais
pas la liberté d'enseigner. « C'est l'État qui enseigne »,
disait-il, du ton dont M. de Bonald disait à la même
époque : « C'est l'Église qui enseigne ». Ce grand
esprit confondait le droit d'enseigner le latin, sur
lequel on peut discuter, avec le droit d'enseigner une
doctrine. « La liberté de penser n'est pas en cause »,
disait-il. Qu'est-ce donc, ô philosophe, que la liberté
de penser sans la liberté de parler?

Il en usait librement pour son propre compte,
sous la Restauration, avec la religion d'État. Mais,
d'une part, il était professeur de faculté, non de col-

lège, professeur à Paris, grand professeur, et grand homme; et, de l'autre, il ne se croyait pas aussi téméraire qu'il l'était.

Il pensait avec raison qu'il n'y a aucune parité entre l'enseignement des facultés, qui s'adresse aux philosophes, et celui des collèges, qui s'adresse aux enfants. La distinction était d'autant plus légitime que, de son temps, et avec son plein assentiment quand il fut puissant, les cours de philosophie dans les collèges étaient obligatoires. L'Université enseignait seule la philosophie; elle forçait tous ceux qui voulaient être bacheliers à l'étudier dans ses écoles. Pouvait-elle, dans ces conditions, permettre à ses professeurs d'enseigner, selon leur fantaisie, tout ce qu'il leur plairait? et les pères de famille qui, s'ils n'avaient pas la liberté d'enseigner, avaient au moins celle de refuser l'impôt et de voter le budget, donneraient-ils leur argent pour un enseignement inconnu ou pour un enseignement contraire à leurs volontés et à leurs croyances? Accorderaient-ils leur confiance à un gouvernement qui les blesserait dans l'endroit le plus sensible, en faussant et en déréglant l'esprit et la conscience de leurs enfants?

Nous avons aujourd'hui la liberté d'enseignement, et, par conséquent, la question ne se pose plus avec la même évidence et la même autorité que du temps de M. Cousin. Cependant l'État, s'il n'interdit pas les écoles privées, rend leur condition difficile, presque impossible. Il n'enseigne pas seul, il enseigne presque seul. Il enseigne avec l'argent du pays, et avec

une autorité qu'il tient du pays. Du moment qu'il
émet une doctrine, il faut qu'il prenne son parti de
ne blesser aucune Église, et tout particulièrement
de ne pas blesser la religion catholique, puisque la
religion catholique est la religion de l'immense majorité des pères de famille, et de la totalité des mères
de famille.

Mais qu'est-ce que cette philosophie accommodée
aux exigences d'un culte quel qu'il soit? Ce n'est plus
la philosophie. Demandez à Cousin si la philosophie
peut supporter le joug de la foi! Sur ce point, il a
toujours été indomptable. La philosophie sera libre,
ou elle ne sera pas. C'est se moquer, de nous parler,
au xixᵉ siècle, d'une servante de la théologie. Propos
d'inquisiteurs! Nous sommes ici dans le pays de Descartes, et nous tenons pour vrai tout ce qui nous est
démontré par les lumières de la raison.

Comment accorder cette indépendance et cette dépendance? Je vois d'un côté le droit de tout penser
et de tout dire; de l'autre, l'interdiction d'attaquer
ou de contrarier certaines doctrines. Cousin aboutit
à un concordat. C'est un procédé qui, à mon avis,
lui inspire trop de confiance. La philosophie ne peut
abandonner aucune de ses libertés, et l'Église aucun
de ses dogmes. Si j'étais le maître, je m'en tirerais
en transportant aux facultés la philosophie proprement dite, et en bornant la philosophie des lycées à
l'étude approfondie des méthodes et à la lecture de
quelque beau livre, tel que le *Phédon* pour l'antiquité et le *Discours de la Méthode* pour les temps

modernes. Cousin aime mieux insister sur ce que la
philosophie et la religion n'ont pas absolument le
même but et ne s'adressent pas aux mêmes esprits.
Le but ne diffère pas autant qu'il le croit, et l'Église,
qui parle seule aux petits esprits, ne consent pas à
abandonner les grands aux philosophes. Il insiste
aussi sur l'orthodoxie de sa doctrine; mais l'Église
répond que l'orthodoxie du maître ne lui garantit pas
celle des disciples, et que l'orthodoxie d'aujourd'hui
ne garantit pas celle de demain. Elle le chicane, non
sans raison, sur cette orthodoxie prétendue; et, au
fond, quand elle dit tout ce qu'elle pense, elle montre
assez que ce n'est pas de telle ou telle doctrine qu'il
s'agit, mais du droit de choisir librement une doctrine, c'est-à-dire du droit d'être philosophe. Il est
curieux d'entendre Cousin dire aux philosophes :
« Vous n'êtes pas libres, mais soyez heureux, car
vous n'avez d'autre maître que moi, qui suis philosophe »; et de le voir se tourner ensuite vers l'Église,
pour lui dire : « Je réclame pour moi et pour tous les
philosophes une indépendance absolue, mais n'en
concevez nul souci, ni pour le présent ni pour l'avenir,
car ma philosophie est orthodoxe ».

Il nous assure qu'il n'y a que la mauvaise philosophie et la mauvaise théologie qui se combattent.
C'est le propos d'un homme qui a accepté de diriger
la haute police de la philosophie. L'inquisiteur, qui
a accepté la haute police de la théologie, et le véritable philosophe, qui ne veut ni subir la police ni
l'exercer, diraient tout le contraire.

Cousin s'efforçait d'être orthodoxe depuis 1830, et il s'efforçait, sans trop de succès, de démontrer qu'il l'avait toujours été auparavant. Il veillait sur ses professeurs pour les contraindre à l'orthodoxie. Les professeurs se plaignaient, cela se comprend; l'Église se plaignait aussi. Elle n'admettait pas cette orthodoxie prétendue; et quand elle l'aurait admise! Il suffisait qu'il fût philosophe pour être suspect.

Avant 1830, étant religion d'État, elle pouvait attaquer la philosophie dans son principe. Après 1830, obligée de céder, en apparence, sur le principe, son terrain d'attaque fut le panthéisme. Elle le trouvait dans les leçons de Cousin et dans sa préface de 1826. Elle n'écoutait pas ses rétractations. Ce que le maître avait dit, elle l'imputait à tous les philosophes. Elle reprenait là-dessus toutes les anciennes déclamations contre le panthéisme et répétait de tous côtés : « Voilà les écoles de pestilence où nous sommes contraints d'envoyer nos enfants ».

Je crois que Cousin était de bonne foi en soutenant qu'il n'était pas panthéiste. Je crois aussi qu'il s'accusait intérieurement d'imprudence pour avoir écrit que, si Dieu n'était pas tout, il n'était rien; mais quel est l'écrivain, ayant beaucoup écrit, qui n'ait pas commis d'imprudence? Quand on parle des rapports de Dieu et du monde, on côtoie les écueils de tous les côtés. Il aurait été embarrassé pour défendre ses phrases en elles-mêmes; il faisait mieux et plus habilement : il leur trouvait des analogues dans saint Augustin. « Je suis panthéiste, disait-il, au même titre que saint Augustin. » Ne semble-t-il pas qu'on soit à l'abri derrière un Père de l'Église, et un tel Père?

Il faut d'ailleurs distinguer avec soin les deux Cousin, celui qui enseigne, avant 1830, et celui qui, après 1830, veille sur l'enseignement, le Cousin militant et le Cousin gouvernant. En relisant les leçons de Cousin de 1815 à 1830, je crois voir quelquefois la recherche de l'effet, ce qui est le vice de l'orateur; quelquefois l'absence de solution cachée sous l'obscurité voulue d'une formule, ce qui est le vice du rhéteur; je n'y vois jamais la crainte du maître ou de la doctrine dominante. C'est un esprit libre, si ce n'est pas toujours un esprit profond. Je ne retrouve pas ce même caractère dans les écrits composés depuis qu'il administre la philosophie. Au contraire, il semble maintenant préoccupé d'être sage. Il s'attribue toujours la liberté, mais on sent qu'il n'en abusera pas. S'il parle des rapports du fini avec l'infini, on est bien sûr qu'il ne répétera pas ses anciennes formules. Même quand il réédite ses anciens livres, il en ôte tout le venin. Sa liberté, proclamée comme principe, n'est pas entière dans la pratique. Il est orthodoxe dans sa seconde manière; je ne le lui reprocherais pas si cela était rencontré; mais cela est voulu : je le lui reproche. On n'est pas un philosophe dans ces conditions; on n'est qu'un prédicateur, un bon et sage prédicateur. Il me semble qu'en disant cela je ne l'attaque pas; je le classe.

Il pensait que l'humanité devait à la philosophie ses progrès; mais elle devait à la religion la paix, le bonheur. La philosophie n'est une règle et une consolation que pour une petite élite; elle ne se produit que dans une société bien organisée et maîtresse d'elle-même; elle disparaît ou se trouble dans une civilisation sur le déclin. Même pendant les âges philosophiques, s'il n'y avait pas, à côté du savant, le prêtre, la presque totalité du genre humain serait sans guide. Si la religion est aussi nécessaire, et nécessaire pour le bien, c'est-à-dire pour la morale, pour la consolation, pour l'espérance, la philosophie a-t-elle le droit de la supprimer? Peut-on la supprimer, puisqu'on ne peut pas la remplacer? Le philosophe dit de la religion : « Elle est fausse, je la supprimerai ». Le prédicateur, ou le politique répond : « Elle est utile, je la respecterai ».

Cousin, parlant en homme politique, dit expressément que combattre la religion, entrer en lutte avec elle, est un acte criminel. Il ressemble en cela à Socrate, qui dit son avis sur les dieux et veut faire une libation avant de boire la ciguë. Toute l'antiquité éclairée avait cessé de croire, et n'avait pas cessé de sacrifier. Le vulgaire allait au temple par crédulité, et l'élite par patriotisme.

Tous les libéraux de la Restauration, et Cousin à leur tête, prenaient la religion au service de la morale publique. Ils la respectaient à ce titre, mais ils entendaient l'obliger à remplir sa fonction à leur manière, et non à la sienne. Cette politique envers

9

la religion est celle du vicaire savoyard, celle de la
Constituante quand elle fit la Constitution civile du
clergé : c'est toute l'école de Rousseau, à laquelle
appartient Cousin. Nous nous étonnons des deux
sœurs immortelles, parce que nous ne sommes plus
dans ce courant d'idées. Les libéraux d'alors réclamaient les sacrements, tout en niant les dogmes. Ils
se trouvaient libéraux parce qu'ils réclamaient les
sacrements sans y croire; et ils traitaient les prêtres
de fanatiques quand ils refusaient les sacrements de
leur Église à ceux qui n'admettaient pas leur Église.
Dans les discussions sur l'enseignement, et notam-
ment sur les petits séminaires, ils imposaient à l'Église
des obligations et des restrictions qu'ils jugeaient
libérales parce qu'elles profitaient à leur parti, et que
l'Église regardait comme des attentats à sa liberté
parce qu'elles étaient contraires à sa croyance et à
son institution.

Il faut se placer à ce point de vue pour comprendre
certaines doctrines de Cousin et les principaux actes
de son administration.

Il ne voulait pas d'aumônier à l'École normale,
parce qu'il aurait pesé sur l'enseignement de la philosophie, qui doit être librement donné dans cette
grande École. Mais il demandait la présence du curé
dans la délégation cantonale; il déclarait hautement
qu'il n'y avait pas de prospérité possible pour l'enseignement primaire sans le patronage bienveillant
du clergé, et il mettait la récitation du catéchisme au
premier rang des exercices scolaires.

On a souvent répété qu'il avait fait lui-même un catéchisme à l'usage des écoles. Un catéchisme ! C'est dire un peu plus que la vérité, pas beaucoup plus cependant. Voici le titre complet de ce petit livre, qu'il est assez difficile de se procurer : *Livre d'instruction morale et religieuse, à l'usage des écoles primaires catholiques, élémentaires et supérieures, des écoles normales et des commissions d'examen, autorisé* (sur la seconde édition) *par le Conseil royal de l'Instruction publique*. Paris et Strasbourg, chez Levrault. 1834. 260 pages in-18. Ce livre est précédé d'un Avertissement qui ressemble à une circulaire de ministre : « Voici le livre réclamé par la loi du 28 juin 1833, qui place avec tant de raison l'instruction morale et religieuse au premier rang parmi les objets d'éducation du peuple ». Viennent ensuite des conseils, ou plutôt des ordres donnés aux maîtres des différents degrés d'enseignement. « Le professeur (des écoles normales) doit faire un enseignement régulier que tous les élèves puissent rédiger, de sorte qu'à la fin du cours leurs diverses rédactions leur composent un cours complet de doctrine.... Le présent livre d'instruction morale et religieuse doit faire la base de cet enseignement. » L'Avertissement n'est pas moins impératif pour les commissions d'examen. « Les commissions d'examen sont invitées à se garder de deux défauts contraires dans lesquels elles pourraient tomber : ou de ne faire aux candidats que des questions d'histoire, ou de ne leur faire que des questions de doctrine.... Dans l'exa-

men général qui doit couronner et terminer les
cours de l'école élémentaire et servir de base aux
certificats de congé de chaque enfant, l'instruction
morale et religieuse aura sa place comme chaque
autre objet d'enseignement , avec la mention du
numéro auquel elle aura donné lieu. » La manière
de Cousin et les idées de ses rapports sur l'enseignement primaire en Hollande et en Allemagne se
retrouvent à chaque ligne dans cet Avertissement.
Le livre est divisé en deux parties : la première
retrace tout ce qui, dans l'histoire du genre humain
« et le plan de la divine providence », a préparé et
amené la venue de Jésus-Christ et de sa doctrine;
la seconde partie est cette doctrine elle-même. Après
avoir ajouté que la partie historique est un extrait des
saintes Écritures et la partie dogmatique un extrait
des plus célèbres catéchismes , l'auteur veut bien
ajouter que « cet extrait, uniquement destiné aux
écoles, ne dispense pas du catéchisme diocésain,
lequel demeure en possession de préparer aux exercices religieux qui appartiennent à l'Église ».

Je ne sais si cette concession faite aux évêques
était de nature à les rassurer sur leur droit supérieur
d'enseigner eux-mêmes la religion, et si cette décla-
ration de conformité avec les plus célèbres catéchismes les renseignait suffisamment sur l'orthodoxie
du livre. On pouvait se demander pourquoi l'unité du
livre était nécessaire dans l'Université, et si le Conseil royal avait supposé qu'il pût y avoir diversité de
doctrine entre les catéchismes des divers diocèses.

D'autre part, puisque le catéchisme diocésain était conservé, que venait faire à côté de lui le catéchisme universitaire? Y avait-il dans cette entreprise un souvenir de l'Empire, qui, lui aussi, avait voulu un catéchisme unique? L'Empire avait fait approuver son catéchisme par l'autorité ecclésiastique, ce qui était plus régulier; il l'avait imposé partout, ce qui était plus despotique. On n'imposait celui-ci qu'aux écoles, mais à toutes les écoles, et l'on se flattait peut-être de voir, avec le temps, ce catéchisme si recommandé et si répandu se substituer à tous les autres.

Le clergé ne s'émut pas trop de cette tentative très hardie, qui mettait l'enseignement religieux dans les mains du Conseil royal, de ses inspecteurs laïques et de ses maîtres. Il avait son représentant dans tous les degrés de l'administration universitaire, et l'évêque du dehors fut éliminé sans bruit au profit des évêques véritables. Cet évêque, qui était Cousin en personne, n'osa ni réclamer ni se montrer. Me trompé-je en lui attribuant la paternité de ce livre? J'avoue qu'il ne l'a pas signé, mais il l'a fait. D'abord il a certainement approuvé le livre avec les autres membres du Conseil; l'approbation a certainement été proposée par lui; il a certainement écrit l'Avertissement; il y a certainement, dans le cours du livre, des pages nombreuses dont il est l'auteur. Le surplus, formé de divers extraits, a-t-il été choisi par lui-même « dans les saintes Écritures et dans les catéchismes les plus célèbres »? Je le crois.

Le catéchisme n'est pas sans intérêt. Il est d'une clarté relative. Il explique tout. « *D.* Qu'entend-on par cette expression que le Fils est consubstantiel au Père? — *R.* On entend qu'il participe de sa substance. — *D.* Comment peut-on concevoir cela? — *R.* Le Père ne peut subsister un moment sans se connaître, et, en se connaissant, il produit son Fils. (Si l'auteur faisait des annotations, il ne manquerait pas d'écrire au bas de la page : La pensée est la pensée de la pensée.) — *D.* Comment le Saint-Esprit a-t-il la même nature que le Père et le Fils? — *R.* Le Père et le Fils ne peuvent subsister un moment sans s'aimer, et en s'aimant ils produisent le Saint-Esprit. » Et un peu plus loin : « *D.* Comment ces deux natures (la nature divine et la nature humaine) font-elles en Jésus-Christ une seule personne? — *R.* A peu près comme dans nous l'âme et le corps font un seul homme. »

La Restauration avait contraint les professeurs des collèges à une sorte de comédie de crédulité assez ignoble; elle y contraignait aussi ses élèves, en les obligeant à présenter tous les mois un billet de confession. Il restait quelque chose de ce triste passé dans les mœurs et les habitudes universitaires après 1830, quoique la conversion de l'Université eût été complète et bruyante, trop bruyante même pour l'honneur de l'Université, après une longue soumission. Tout cela est un peu oublié à cette fin de siècle, et pourtant c'est de l'histoire. Il n'y avait depuis 1830 aucun enseignement religieux à l'École normale ; mais la messe basse, le dimanche, était obligatoire. (Elle devint, avec le temps, facultative. En revanche, avec le temps aussi, il y eut un aumônier.) La messe était donc obligatoire pendant que j'étais élève de l'École normale (1833-1836), avec M. Cousin pour conseiller directeur, et M. Guigniaut pour directeur sous ses ordres. On était obligé d'apporter son livre. Il y eut une conspiration de quelques élèves pour n'en pas apporter. Ils furent punis par les arrêts. Ils apportèrent des livres le dimanche suivant, et se placèrent tout exprès devant M. Guigniaut, qui ne tarda pas à être très surpris de leur application. Il voulut en avoir le cœur net. Il prit le livre de son voisin. C'était un Lucrèce ; édition de Leyde, 1725, *cum notis variorum*. Il le regarda très gravement, et le rendit à l'élève (Amédée Jacques) en lui disant à voix basse : « Lisez plutôt l'édition de Bentley et Wakefield, Londres, 1796. ». — On lisait Lucrèce ; mais on tenait un livre : l'honneur universitaire était satisfait.

Cousin ne demandait pas à ses professeurs d'aller à la messe. Je crois même qu'il aurait trouvé assez malséant qu'on y allât, à moins toutefois qu'on ne fût bon catholique. Il voulait seulement qu'on fût respectueux pour la religion et pour le clergé. Il exigeait absolument qu'il n'y eût pas un mot, dans l'enseignement des professeurs de collège, qui pût paraître dirigé soit contre le respect dû aux religions, soit contre leurs dogmes. Nous enseignions tous l'indépendance absolue de la pensée et, par conséquent, de la philosophie; sur cela, il était aussi ferme qu'aucun de nous. Nous évitions tous avec le plus grand soin de parler des questions purement théologiques, telles que la trinité, la chute, la rédemption. Mais les religions, outre les dogmes théologiques, ont des dogmes philosophiques. Elles ont des croyances sur la spiritualité et l'immortalité de l'âme, sur la liberté humaine, sur la morale, sur la création. Un professeur de collège, ou même de faculté, qui aurait émis des doutes sur la spiritualité de l'âme, ou sur notre libre arbitre, aurait été infailliblement ou déplacé, ou destitué, aussitôt que Cousin aurait été averti. Ce n'était pas, de sa part, un attentat contre notre liberté personnelle, puisque nous restions maîtres de penser ou de parler comme nous le voudrions, à la condition de nous en aller. On pourrait même soutenir qu'il ne pouvait nous laisser la liberté de tout dire sans blesser la liberté de nos écoliers et de leurs familles. Comme il fallait suivre le cours de philosophie du collège si l'on voulait se présenter au baccalauréat, car le certificat d'études n'a été aboli qu'après la révolution de 1848, il était impossible de contraindre une famille chrétienne à entendre un enseignement antichrétien. La règle était : pour tout ce qui est du domaine de la religion, neutralité; pour tout ce qui est du domaine de la philosophie, spiritualisme, déisme.

Cousin m'a raconté que, pendant son ministère, le roi Louis-Philippe lui avait dit à plusieurs reprises : « Ne me faites pas d'affaires avec cette bonne reine ». La reine, qui ne se mêlait jamais de politique, se mêlait de religion, et, quand on l'avertissait que quelque chose allait mal de ce côté, elle suppliait le roi de devenir sage. Le roi ne demandait pas mieux, ni Cousin non plus (depuis ses grandeurs), et il nous demandait, comme il savait demander, « de ne pas lui faire d'affaires ». Plus d'un parmi nous a quitté la philosophie pour l'histoire ou l'économie politique, sans autre motif que ces avertissements, qui étaient paternels, mais formels et intelligibles.

J'ai dit que nos camarades de province venaient tous les ans, aux vacances, et même quelquefois aux vacances de Pâques, se faire passer en revue par le souverain maître de leurs destinées. Cousin avait ses favoris, qui n'étaient autres que les plus laborieux et les plus méritants, car, je ne saurais trop le répéter, il était au fond très juste, et, en y réfléchissant, nous trouvions toujours le motif de ce qui nous avait paru des caprices.

Cet homme compliqué, dont je pourrais citer des traits d'avarice et des traits de munificence, avait une fantaisie assez rare chez les administrateurs tout-puissants : il aimait à s'entourer de ses jeunes professeurs et leur donnait volontiers à dîner. Vous savez qu'il était célibataire. Il vivait à la Sorbonne dans sa bibliothèque, car c'est le nom qu'il faut donner à son appartement. On n'y faisait point de cuisine. Le matin, il mangeait une écuelle de soupe aux choux, ou du pain avec un rayon de miel, ou quelque régal analogue, un vrai repas d'anachorète. Le soir, il dînait chez ses grands amis, car ce philosophe était

mondain ; il aimait la grande société, sans en être,
et il jouissait des éloges qu'elle lui prodiguait. Les
jours assez rares où il n'était pas invité, il prenait
quelqu'un de nous et le menait dîner dans un restaurant. Ce fut presque toujours moi pendant quelques
années, et même nous finîmes par dîner chez Ris-
becq, place de l'Odéon, à frais communs. Je n'ai
jamais été, je crois, aussi près de son cœur que Barthélemy-Saint Hilaire, Franck, Bouillier et peut-être,
un peu plus tard, Caro et Janet, mais j'étais très
avant dans son intimité. Aux vacances, il faisait
dîner l'élite de nos provinciaux. Je vous prie de
croire que c'était sans luxe, mais on dînait convena-
blement, et l'hôte était, dans ces occasions, d'une
bonhomie charmante.

Il arriva qu'un jour il ne put pas recevoir cinq ou
six de nos camarades qui étaient venus sonner à sa
porte. Il en était fort ennuyé. « Je sais où les trouver,
lui dis-je, je vous les enverrai demain. — Faites
mieux : allez les engager à dîner pour ce soir. — J'y
cours. — Ceux-là, et les autres que vous rencon-
trerez, me cria-t-il comme je fermais la porte. Ce
sera chez Pinson, et à sept heures. » J'en invitai bien
une douzaine. Je revins le chercher, vers six heures
et demie, l'oreille un peu basse. Je venais de me
rappeler que nous étions au vendredi saint. Ce fut
mon premier mot en entrant dans son cabinet. « Ah !
voilà qui est fâcheux, me dit-il. Comment n'y avons-
nous pas pensé ce matin ? Et ils seront chez Pinson
dans un quart d'heure ? Impossible de les prévenir.

— Impossible. — Nous pourrions aller les chercher pour les ramener ici. Mme Blanchard nous donnerait à dîner. » Je connaissais par une triste expérience les talents de sa gouvernante, mais tout valait mieux qu'un scandale. Nous nous mîmes à mesurer la table; décidément elle ne pouvait tenir que six convives, et nous étions quatorze. « Advienne que pourra, dit-il; nous ferons maigre, et, si nous attrapons quelque horion, nous secouerons les épaules. » Le dîner fut très amusant. Vacherot essaya de parler de la métaphysique et Franck de la psychologie, chacun suivant sa passion dominante; mais Cousin parla tout le temps de l'obligation de ne pas dîner au restaurant le vendredi saint.

Il n'avait pas d'autre jour à nous donner, ni de maison pour nous recevoir. Nous faisions, en dînant, notre petite conférence semestrielle; il n'y avait rien là, disait-il, qui ressemblât à une fête. La philosophie était menacée. Si l'on en venait aux coups, il prendrait tout pour lui, et ne permettrait à personne d'en réclamer la moindre part; mais, pour rendre la défense possible, il fallait d'abord rendre notre enseignement irréprochable. « Ne vous laissez pas entamer sur la religion, même dans des conversations particulières. La trinité? le péché originel? la rédemption? ce ne sont pas mes affaires. Adressez-vous à mon vénéré collègue M. l'aumônier du collège. Je puis avoir une religion; ceci ne regarde que moi. Comme professeur, je démontre les vérités qui sont communes à tous les cultes. Je suis leur auxiliaire à

tous; je ne dois, ni ne puis, ni ne veux être un
embarras pour aucun d'eux. Mais, ajouta-t-il avec
solennité, il y a le panthéisme! (Le panthéisme était
alors le grand cheval de bataille contre lui et, par
conséquent, contre l'Université.) Le panthéisme, mes-
sieurs... (Je passe une réfutation du panthéisme, mêlée
d'invectives que n'aurait pas désavouées M. l'abbé
Combalot, qui prêchait le carême à quelques pas de
nous.) Si l'on vous accuse de panthéisme, rendez-
vous à l'instant chez l'évêque. » C'était son grand
moyen. Il croyait ou feignait de croire que ses professeurs de philosophie avaient leurs grandes entrées
chez les évêques.

Pendant notre troisième année d'École normale,
il nous avait décrit par avance toutes les démarches
que nous devions faire à l'évêché, les discours que
nous devions tenir, les réponses qu'on nous ferait.
Je ne crois pas, pour le dire en passant, qu'il fût
lui-même fort assidu chez l'archevêque de Paris.
Il excellait à faire ainsi de petites scènes de comédie,
et il les jouait — le mot n'est pas trop fort — avec
le talent d'un grand comédien. Dans ces saynètes
improvisées, le philosophe était toujours une sorte
d'homme d'État au petit pied, et l'évêque un théolo-
gien très profond. « Monseigneur, on m'accuse de
« panthéisme. Il est vrai; je suis panthéiste... comme
« saint Augustin. » Et ici vous lui citez toutes les
phrases de saint Augustin qui seraient plus répré-
hensibles que les miennes, si tout n'était subordonné
pour l'un et pour l'autre à nos doctrines sur la liberté

et la grâce. Prenez bien garde, ajoutait-il, parce que
l'évêque est très fort. Talleyrand m'a dit souvent que
rien n'aiguise l'esprit comme les études théologiques.
Il avait raison ; tous les diplomates devraient commencer par l'école de Saint-Sulpice. N'entrez pas en discussion avec lui ! Ramenez-le toujours à la question du
libre arbitre. Sur ce terrain-là vous êtes invincibles.
Qu'est-ce que la substance sans la causalité ? « Con-
« venez-vous, Monseigneur, que je crois à l'indépen-
« dance de nos jugements et à la liberté de nos actes ? »
Vous y croyez peut-être plus qu'il ne voudrait. S'il
fait mine de menacer, vous vous levez aussitôt :
« Monseigneur, je dépends de mon chef. Adressez-
« vous à M. Cousin. » J'interviens alors ! (Du ton de
Rodrigue dans *le Cid* : nous nous levons alors !) » Il
partit de là pour décrire avec un brio extraordinaire
la séance de la Chambre des pairs où il prendrait la
défense de la philosophie. On était accouru de toutes
les salles voisines pour entendre toutes ces belles
choses et pour voir M. Cousin dîner ce jour-là au
cabaret. Je pensai souvent, en 1844, quand il fit face
avec tant de vaillance à toutes les opinions ameu-
tées, qu'il avait eu la seconde vue en 1838.

C'est précisément au moment où il devenait très
sage, que la querelle contre la philosophie, qui était
une querelle contre lui, prenait des proportions
inquiétantes. Au lendemain de la révolution de Juillet,
M. de Montalembert et M. l'abbé Lacordaire avaient
demandé la liberté d'enseignement. Ils l'avaient
demandée avec une entière candeur, parce qu'ils la

voulaient et qu'ils l'aimaient. M. Veuillot n'en voulait pas; mais, en politique profond, il devina que,
s'il la demandait, il embarrasserait furieusement des
adversaires qui ne pouvaient la lui refuser qu'en vio-
lant tous leurs principes. Il ne fit aucune hypocrisie.
Il dit carrément : « Vous ne pouvez me refuser la
liberté, parce qu'elle est dans vos principes. Moi, si
j'étais au pouvoir, je vous la refuserais, parce qu'elle
n'est pas dans les miens. » On ne manqua pas de lui
répondre : « Vous ne la demandez donc que pour
l'écraser ». Mais les arrière-pensées de M. Veuillot
n'empêchaient pas la liberté d'être la liberté, et le
droit d'être le droit. Ceux qui lui répondaient dans
les journaux n'écrivaient pas une phrase qui ne fût
accablante pour eux-mêmes.

« Je prends cette arme, disait-il, et je la prends
dans vos propres mains, parce que je n'en ai pas
d'autre pour vous renverser. Et il faut que je vous
renverse, vous, éclectiques, vous, panthéistes, parce
que vous êtes les ennemis de ma foi. » Si Cousin
répondait qu'il n'était pas panthéiste : « Ah! quand
vous ne le seriez pas! disait Louis Veuillot. Vous
n'êtes certainement pas matérialiste; vous ne l'avez
jamais été. Cependant le matérialisme est un de mes
griefs contre vous, parce que vous êtes la philosophie, et que tous les droits que vous revendiquez
pour vous, le matérialisme les revendiquera pour
lui, à son heure, qui est prochaine. »

C'était un rude jouteur, que Cousin affecta longtemps de dédaigner, mais qui le troublait profondé-

ment. Veuillot était le chef de nombreux alliés, qui
ne le reconnaissaient ni pour leur chef ni pour leur
allié. Tous ensemble, l'ennemi implacable de la liberté
qui s'en servait en la détestant, et les nobles amis
de la liberté, qui la demandaient pour elle-même,
prenaient à tâche de démontrer aux catholiques que
la philosophie officielle (on pouvait donner ce titre
à la philosophie de M. Cousin) était contraire à la
philosophie avouée, patronnée et surveillée par leur
Église. Les auxiliaires leur venaient de toutes parts.
L'Univers était ardemment secondé par toute la presse
religieuse et légitimiste, séparée de lui, sur d'autres
points, par des abîmes. Ici la polémique était savante,
habile, serrée; dans Veuillot elle était hurlante et
beuglante, sans perdre au fond de sa solidité. Il
criait pour attirer et ameuter les badauds. Il mettait
en scène les universitaires, avec une force comique
irrésistible. Je ne sais pas si les autres en riaient,
mais j'en riais souvent comme à une bonne scène de
comédie, un peu burlesque, mais très salée, sauf à
m'indigner plus souvent encore, car il n'était pas de
bonne foi; il arrangeait les textes à sa façon; il attribuait à l'un ce qui appartenait à l'autre; il tirait des
conséquences qui n'avaient jamais été dans les principes; il attribuait de mauvais desseins à ses adversaires; il allait jusqu'à leur supposer des vices. C'était
comme un dogue qui remplissait la France de ses
aboiements contre les pauvres universitaires, tenus
en laisse par Cousin et condamnés par lui à ne pas
répondre. Quand son journal ne lui suffisait pas, il

écrivait des pamphlets. Tout le monde lisait ses *Libres Penseurs*, qu'on ne lirait plus aujourd'hui, parce qu'il y a une mode pour les pamphlets et pour les romans, et que Louis Veuillot, tout grand qu'il était, n'approchait pas de Pascal. Parmi ses imitateurs, qui étaient nombreux, il fallait compter Des Garets, l'auteur du *Monopole universitaire*. Celui-là n'avait guère de Veuillot que sa grossièreté ; mais il trouvait des lecteurs, parce que cette lutte contre les éclectiques était populaire. Des évêques mêmes s'en mêlaient. Je me rappelle un mandement de l'évêque de Chartres où j'étais accusé d'avoir écrit deux gros volumes pour demander le rétablissement du divorce. Or je n'ai jamais écrit deux gros volumes sur le divorce, ni un gros volume, ni même un petit volume. J'ai écrit seulement un court chapitre ; et ce n'est pas pour demander le rétablissement du divorce, c'est pour le combattre de toutes mes forces, car j'en ai été toute ma vie l'adversaire déclaré et passionné. Je cite un exemple pour montrer jusqu'où des hommes graves et évidemment sincères se laissaient emporter par l'ardeur de la polémique. Au moment où l'on me jetait ce gros pavé à la tête, j'étais mal vu dans l'Université, parce que je me trouvais d'accord avec ses ennemis pour demander la suppression du monopole universitaire. M. Cousin me reprochait d'attaquer « la grande œuvre de Napoléon, la principale sauvegarde de la société ». Bien difficile, le métier de libéral !

Pendant que les catholiques reprochaient aux uni-

versitaires leurs témérités, Pierre Leroux et ses
acolytes leur reprochaient leurs faiblesses. Il y avait
de ce côté-là une préoccupation singulière. Pierre
Leroux partait de ce principe : que tout philosophe
était nécessairement panthéiste. Quand un professeur déclarait qu'il ne l'était pas : « Tu mens, disait-il,
tu es panthéiste, puisque tu es philosophe ; et d'ailleurs Cousin, dont tu es le valet en robe et en bonnet
carré, est incontestablement panthéiste. Tu as peur
de Veuillot et des curés. Tu es un lâche ; tu désho-
nores la philosophie. »

Enfin, il y avait contre les philosophes un troisième parti. C'était celui des hommes d'État. Les
hommes d'État, comme philosophes (au fond ils ne
l'étaient guère), étaient de l'avis des philosophes.
Comme hommes d'État, ils voulaient surtout la paix ;
cette agitation soulevée par Veuillot les importunait,
et ils la reprochaient, moins à lui, qui la dirigeait,
qu'à leurs victimes, qui en étaient l'occasion. Ils ne
trouvaient pas de meilleur moyen de le faire taire
que de lui donner raison. Cette philosophie et surtout ces philosophes ne valaient pas tout le bruit
qu'on en faisait ; il n'y avait tout bonnement qu'à
s'en débarrasser. On disait à Cousin : « Vous nous
faites des affaires ! »

Cette campagne contre l'Université se prolongea
pendant plusieurs années. Cousin avait fort à faire,
d'abord pour empêcher ses professeurs de donner
prise à la critique par leur enseignement ; ensuite,
quand, malgré tout, la critique se produisait, pour les

obliger à ne pas répondre. Quand ils se plaignaient
de cette loi du silence : « Je me charge de tout », disait-
il. Mais on le trouvait lui-même bien silencieux. On
l'accusait presque de connivence. C'est dans l'Université qu'on dit pour la première fois : « Il sera car-
dinal » ; plaisanterie, fort innocente d'ailleurs, dont il
n'a pas été la seule victime. Enfin la loi organique
de 1844 lui donna l'occasion de parler, et lui en
imposa l'obligation.

Il a réuni ses discours à la Chambre des pairs
d'avril et mai 1844 dans un curieux volume intitulé
Défense de l'Université et de la philosophie. C'est
un très important document historique, qui montre
quel était l'état des esprits à cette époque chez les
philosophes et chez les catholiques, chez les libéraux
et chez les conservateurs. Cousin y déploie des
connaissances très étendues et très diverses, beaucoup de vigueur et d'esprit philosophique, et une
véritable éloquence. Dans les très rares occasions où
il était monté à la tribune, soit qu'il fût intimidé par
l'auditoire, ou que les sujets dont il parlait fussent
nouveaux pour lui, il n'avait fait que des discours
sans éclat et sans portée ; on n'y retrouvait ni le
grand philosophe, ni le grand orateur de la Sorbonne. On le retrouve cette fois tout entier. Jamais
il n'a eu ni plus d'élévation, ni plus de verve, ni plus
de courage, ni une dialectique plus pressante, ni
plus d'ironie, ni plus de passion. Quoiqu'il défendît
l'Université, qui m'est chère, je ne dirai pas que la
raison était toujours de son côté. Les éloges que je

lui donne s'adressent à son talent, et non à sa thèse.

Excepté les attaques des encyclopédistes, qu'il laissa forcément de côté, parce que ce n'était pas le lieu et le moment de se vanter de son audace philosophique, il répondit à tout et à tous : à M. de Montalembert, qui réclamait la liberté et s'indignait contre le monopole ; à M. de Ségur-Lamoignon et aux autres violents du parti catholique qui calomniaient son enseignement et ses livres ; aux membres de la commission et aux hommes d'État qui proposaient d'amoindrir l'enseignement de la philosophie et de n'en conserver, pour ainsi dire, que le nom. Il était si clair que l'enseignement de la philosophie dans toutes les chaires publiques dépendait de lui et s'inspirait de lui, il le déclarait lui-même si hautement, qu'il comparaissait, pour ainsi dire, en accusé devant la Chambre haute. À chaque instant on le prenait à partie, souvent avec aigreur, quelquefois avec perfidie. Il y eut une série de réquisitoires contre la philosophie, qui étaient des réquisitoires contre lui par voie de conséquences, et d'autres qui le visaient directement et personnellement. Mais il ne tarda pas à changer les rôles. Accueilli d'abord avec une certaine froideur mêlée de curiosité, puis avec une faveur croissante, il se sentit bientôt maître de l'assemblée et vainqueur de ses adversaires. On ne lui donna pas raison sur tous les points, mais on ne lui marchanda ni l'admiration ni les marques de sympathie, et, en somme, il eut la gloire de préserver la philosophie et l'Université de l'ostracisme qui les menaçait.

A M. de Montalembert, qui faisait ses débuts à la Chambre en demandant la liberté d'enseignement, il répondit, avec beaucoup de politesse pour la personne, et encore plus de hauteur pour la doctrine, qu'on ne la donnerait pas. Il n'y avait jamais eu, en France, de liberté d'enseignement. Il n'y en avait aucune trace ni sous l'ancien régime, ni sous la République. Ce n'est pas l'Empire qui a donné à l'État l'autorité souveraine en toute matière d'enseignement. Il l'a reçue de la tradition nationale, et l'a fortement organisée pour la gloire et la tranquillité du pays. L'État ne peut pas, ne doit pas y renoncer. Non seulement il enseigne lui-même, parce qu'il a charge d'âmes, et qu'il possède une doctrine; mais nul n'enseigne en dehors de lui sans son autorisation et son attache. Tout enseignement privé est sous sa juridiction. Leibniz disait : « Donnez-moi l'enseignement pendant un siècle, et je serai maître de l'État » ; Napoléon aimait à le répéter. Cousin le répète après eux. Il ajoute en propres termes que l'État est responsable de tout ce qu'il laisse faire, comme de ce qu'il fait lui-même; que c'est la tradition constante de l'ancienne monarchie et de toutes les sociétés civilisées. Jamais la liberté d'enseignement n'a été niée et repoussée avec plus de netteté et de franchise. Cousin ne dissimule même pas qu'il défend l'autorité laïque par les mêmes raisons qu'on employait dans le camp opposé pour défendre l'autorité ecclésiastique. Il revendique pour l'État tous les droits que les ultramontains revendiquent pour l'Église. Ce n'est

donc pas seulement l'Université qu'il défend, c'est
le monopole universitaire.

Sur ce point-là, j'ai déjà eu l'occasion de le dire
en le déplorant, il a tous les libéraux du temps avec
lui. Il était même moins dur pour l'enseignement
privé que la plupart de ses amis, puisqu'il inclinait à
la suppression du certificat d'études. Il en vota le
maintien, pour éloigner les élèves des jésuites, mais
au fond il n'était pas favorable au principe. Il était
donc le plus libéral des libéraux, ce qui ne veut pas
dire qu'il fût réellement libéral en matière d'instruction. Les libéraux, sous la Restauration, ne rêvaient
qu'une chose : c'était de prendre au clergé le pouvoir
qu'il exerçait sur l'éducation, et de l'exercer à sa
place. Ils l'avaient pris après 1830 ; ils en étaient aussi
jaloux que leurs devanciers ; ils l'exerçaient avec la
même sécurité et la même sévérité. Ils étaient, dans ce
rôle, inférieurs aux catholiques, pour deux raisons :
parce qu'ils ne pouvaient pas comme eux prétendre à
l'infaillibilité et se dire les possesseurs, les détenteurs
de la vérité, et parce qu'ils se qualifiaient de libéraux
dans le moment même où, supprimant la liberté d'enseigner, ils réduisaient la liberté de conscience au
for intérieur, sur lequel aucune puissance humaine ne
peut empiéter. M. Cousin et la majorité de la Chambre
des pairs ne comprenaient pas la liberté. Il disait à
Montalembert : « Ce n'est pas la liberté qui se plaint,
c'est l'esprit de domination qui murmure ». Tout était
sauf à leurs yeux, si l'Université avait un bon plan
d'études et un enseignement irréprochable.

Mais, disaient les Ségur-Lamoignon, les Barthé-
lemy Sauvaire, les Beugnot, les Barthe, et même,
avec beaucoup de réserves et de compliments, le duc
de Broglie, l'enseignement de l'Université et l'administration universitaire, qui n'est que l'enseignement
de l'Université prolongé, au lieu de calmer et de fortifier les esprits, ne font que les agiter et les troubler.
Vous enseignez le cartésianisme, disait celui-là, et
c'est le doute méthodique. Vous êtes éclectique, disait
l'autre, et par conséquent vous admettez toutes les
doctrines, ce qui est la même chose que de les repousser toutes. Tous vos efforts, disait-on de divers
côtés, aboutissent à montrer les difficultés sans pouvoir les résoudre. Puis venait l'éternel argument
du panthéisme : « M. Cousin a dit que Dieu est dans
tout et qu'il est la substance de tout ». C'est en répon-
dant à tous ces arguments dirigés contre sa philosophie que Cousin se montra vraiment supérieur. Le
danger pour lui était d'entrer trop avant dans la discussion et de transformer le Sénat en une sorte d'assemblée académique. Il se borna à des indications
très sommaires, mais très fermes, qui, sans donner
prise aux subtilités, portèrent la conviction dans les
esprits sincères. Les exagérations et les sophismes
de ses adversaires le servirent. N'était-ce pas prouver
sa propre ignorance que de voir dans le doute méthodique un acheminement vers le scepticisme ? Ne pou-
vait-on démontrer l'existence de Dieu, à l'exemple
de Bossuet et de Fénelon, sans soulever tous les problèmes des rapports de la cause et de la substance

avec les phénomènes? Chasser Dieu de l'enseignement, même élémentaire, n'était-ce pas risquer de le
chasser de la conscience et du cœur des hommes? Autour de lui, pendant qu'il parlait, tout le monde sentait le péril, pour une assemblée où l'on comptait des
généraux, des magistrats, des avocats, des savants
et un seul professeur de philosophie, de se lancer
dans des discussions métaphysiques; et il y avait un
amendement qui proposait de faire dresser le programme de philosophie dans le conseil des ministres!
Il y eut un immense éclat de rire quand Cousin entreprit de raconter par avance la séance du conseil
où le maréchal Soult donnerait son avis sur l'origine
de nos idées. Cousin sortit fort agrandi de ces débats.
Toute l'Université fut pénétrée de reconnaissance et
le témoigna bruyamment.

Il restait pourtant une douleur dans l'âme des
philosophes. Ils sentaient que, sur certains points,
on les avait trop défendus. On avait trop complètement établi leur sagesse. Ils étaient à la fois sau-
vés et déshonorés. On leur permettait d'être laïques,
et c'était quelque chose; mais on ne leur permettait pas d'être indépendants. En racontant que la
philosophie était enseignée en France depuis cinq
cents ans, et que Royer-Collard avait pris à l'ancienne Université le programme suivi dans les collèges sous la Restauration, Cousin, parlant de lui-
même, ajoutait que, loin d'étendre ce programme,
il l'avait encore resserré. Et c'était vrai! Le cri
autrefois poussé par Jouffroy sur l'abaissement de

la philosophie s'échappait de toutes les poitrines.

J'eus l'idée d'en appeler aux grands maîtres de la philosophie, de mettre notre enseignement sous leur protection. Je m'entendis avec le libraire Charpentier, dont j'étais ami, et je m'assurai la collaboration d'Amédée Jacques et de Saisset. La collection devait comprendre dix volumes. Je publiai aussitôt un volume pris dans les œuvres de Descartes, en y ajoutant une introduction assez longue. Amédée Jacques publia deux volumes de Leibniz; Saisset donna les lettres d'Euler. Nous en étions là, et notre petite collection réussissait fort bien. On approuvait beaucoup les choix que j'avais faits et le programme que j'avais tracé, quand je reçus tout à coup une lettre de Cousin qui me convoquait chez lui pour délibérer sur la collection Charpentier. J'en parlai à mes deux collaborateurs, qui étaient convoqués comme moi. Jacques était très étonné; Saisset l'était moins, et pour cause. Nous trouvâmes dans la bibliothèque de Cousin, où il nous reçut, Franck, Vacherot, Riaux et Bouillier. Il nous apprit qu'il avait eu l'idée de faire une collection, qu'il en avait arrêté le programme, et qu'il y avait même un commencement d'exécution. Ces nouvelles achevaient de nous ébahir, Jacques et moi. Si nous n'avions pas signé le Descartes et le Leibniz, je vis le moment où l'on nous aurait évincés de notre idée. Le résultat principal fut d'ajouter à la liste des auteurs le Père Buffier et le Père André, auxquels je n'aurais jamais pensé, je l'avoue. Cousin se chargea personnellement de la publication des œuvres philosophiques du Père André, ce qui fut pour nous un honneur aussi grand qu'inattendu. Il n'était pas facile de lui échapper.

Cette façon de procéder avait quelque chose d'étrange. Après coup, je m'explique sa conduite. Elle était conforme à tout l'ensemble de ses idées, qui étaient essentiellement monarchiques. Comme il attribuait à l'État la toute-puissance en matière d'enseignement, ce qui conduisait directement à une doctrine d'État, il ne voulait pas qu'une entreprise destinée à faire partie de l'enseignement des collèges et à en devenir le principal instrument fût en dehors de son influence. C'est ainsi qu'il agit pour le *Dictionnaire des sciences philosophiques* de M. Franck, mais cette fois, je crois, de l'aveu et sur la prière du véritable auteur de l'entreprise, à qui il en laissa la responsabilité et l'honneur. Quand je pensai à faire une revue philosophique, je m'adressai encore à Jacques et à Saisset, et Saisset courut encore en avertir M. Cousin. Nous n'étions pas, Jacques et moi, des révoltés, encore moins des ingrats; nous étions des disciples un peu étouffés, en quête de liberté et d'indépendance. Saisset, qui était un profond politique, tenait à être bien en cour et il se hâta de raconter nos desseins et, je crois, nos espérances. Pour cette fois, nous fûmes assez irrités pour nous séparer de lui. Nous fîmes force de rames pour faire paraître un premier numéro, que nous baptisâmes d'un titre qui devait consacrer notre autonomie, et qui l'assura en effet. Ce titre était *la Liberté de penser*. Il a fait de-

puis son chemin, en changeant passablement de signi-
fication. Libre penseur aujourd'hui, dans la langue
courante, veut dire athée, et c'est le contraire de ce
que nous étions, Jacques et moi. Je n'ai pas à dire
ici comment je fus, pendant un an, soit sous mon
nom, soit par des articles anonymes, ou signés d'un
nom supposé, le plus actif rédacteur de ce recueil, et
comment j'en fus mis à la porte un beau matin, par
mes propres amis, sous prétexte que j'étais trop réac-
tionnaire pour leurs nouvelles aspirations. M. Cousin
fut très mécontent de cette publication. Il ne mani-
festa pas sa désapprobation aussi brusquement que
je l'aurais cru. Si cette revue avait duré, et si j'avais
continué à la diriger, elle aurait été respectueuse
pour lui assurément, mais elle aurait assuré l'indépendance des professeurs de philosophie. Ils
auraient cessé d'être des échos pour devenir des
personnes.

Elle disparut. Tout s'effondrait, tout disparaissait.
M. Cousin eut encore, en 1849, un grand moment
d'activité, qui fut le dernier, dans son rôle d'administrateur. Il fit partie de la commission nommée par
M. de Falloux pour préparer la loi de 1850. Cette
commission était composée de vingt-six membres,
sur lesquels il y avait bien cinq universitaires, et
deux ou trois libéraux. M. Thiers la présidait. La
délibération ne fut guère qu'un dialogue entre lui
et M. Dupanloup. M. Dupanloup avait une majorité
considérable, mais M. Thiers, qui était en minorité,
avait d'abord sa valeur personnelle et ensuite son

autorité dans la Chambre. Sans lui, M. de Falloux et
sa commission ne pouvaient rien.

M. Thiers arrivait avec le désir avoué de s'allier
avec les catholiques et de se servir d'eux pour sauver
la société menacée. Il la croyait plus menacée qu'elle
ne l'était. Qu'elle fût ou non en péril, il était bon de
la défendre. Il l'avait fait par ses livres et par ses
discours; il voulait le faire à présent par une alliance
avec les évêques. C'était une phase nouvelle dans sa
vie. C'était aussi une phase nouvelle dans l'histoire
du catholicisme, qui, pour détruire le monopole universitaire, invoquait ardemment la liberté. Accepter
la liberté d'enseignement, s'allier avec le clergé,
cela, en 1849, ne faisait qu'un. On était bien loin de
l'Inquisition! M. Thiers écrivait à M. Madier de
Montjau, le père du député actuel : « Quant à la
liberté d'enseignement, je suis changé! Je le suis,
non par une révolution dans mes convictions, mais
par une révolution dans l'état social. Quand l'Université représentait la bonne et sage bourgeoisie française, enseignait nos enfants selon les méthodes de
Rollin, donnait la préférence aux saines et vieilles
études classiques sur les études physiques et toutes
matérielles des prôneurs de l'enseignement profes-
sionnel; oh! alors, je lui voulais sacrifier les libertés
de l'enseignement. » Voilà bien l'esprit des anciens
libéraux, pour qui les faits étaient tout, et les principes presque rien. Le converti n'accorda pourtant
que ce qu'il voulut bien accorder, mais il accorda
beaucoup. Non seulement il consentit à la liberté

d'enseignement, ce dont je me félicite, parce que je
l'ai toujours souhaitée et défendue, mais il se résigna
à l'amoindrissement de l'Université, qui n'était jus-
tifié ni par les faits ni par les principes. M. Dupanloup, secondé par M. de Montalembert, demandait,
sous le nom de liberté, le retour à la domination clé-
ricale. M. Thiers, secondé par M. Cousin, maintint
quelques vestiges de l'Université. Il fallut, pour y
réussir, toute l'autorité de l'un et toute l'éloquence
de l'autre. A certains moments de la discussion, on
fut tout près de la rupture. Les catholiques voulaient
entre autres choses charger exclusivement les congrégations religieuses de l'enseignement primaire.
Cousin plaida énergiquement pour les laïques et
parvint à les préserver de l'exclusion. Dans l'enseignement secondaire, M. de Falloux et ses amis voulaient rappeler les jésuites. M. Thiers et M. Cousin
s'y opposèrent avec tant d'énergie qu'il fallut y
renoncer. M. Dupanloup proposait de dire : « Les
congrégations reconnues par l'Église. — Non, disait
Cousin ; il faut mettre : reconnues par l'Église et
par l'État. » C'était faire porter toute la discussion
sur les jésuites, que l'État ne reconnaît pas. Les
catholiques, battus sur le rappel, demandèrent au
moins le silence. Si les jésuites n'étaient pas men-
tionnés dans la loi, M. de Falloux les admettrait ;
après lui, on verrait. Ils l'emportèrent sur ce terrain, après un très vif débat. Ce n'était pas très
brave de leur part, et ce n'était pas très honnête de
la part des autres. En somme, la loi de 1850 fut

considérée comme un triomphe par les catholiques,
et par l'Université comme une défaite. L'Université
en voulut à M. Thiers, qui avait été son défenseur
en 1842, et à M. Cousin, en qui elle mettait toutes
ses espérances. Elle savait qu'il l'avait défendue et
qu'il avait combattu les jésuites; mais il avait cédé
sur le certificat d'études, sur les grades, sur les
commissions d'examen, sur le nom même d'Université, sur les jésuites. Il n'avait accordé aux jésuites
que le silence; mais les jésuites s'en contentaient!
Le silence, avec M. de Falloux au ministère, c'était
pour eux la permission de rentrer et d'enseigner.
Il avait prêté les mains à ce compromis. En outre,
il avait fait une apologie enthousiaste des autres
congrégations qui n'étaient guère plus acceptées par
l'Université que les jésuites, et recommencé ses
anciens discours sur les deux sœurs immortelles.
Rien de tout cela n'était populaire, et la liberté d'enseignement l'était moins que tout le reste. J'étais
peut-être le seul à la défendre dans l'Université, avec
l'ancien directeur du *Globe,* M. Dubois, qui était dans
la commission et ne prit aucune part aux débats.

Les événements de la fin de 1851, qui changèrent
tout en France, dispersèrent notre petit monde philosophique. L'enseignement de la philosophie perdit
jusqu'à son nom; il n'y eut plus dans les collèges
qu'une classe de logique. Il va sans dire que Cousin
avait perdu son régiment.

Jacques alla chercher la mort dans l'Amérique du
Sud. Je renonçai à l'enseignement pour ne pas prêter

serment à l'Empire. Les journaux nous étaient fermés. Ce furent des temps difficiles, pour ceux surtout qui étaient obligés de demander le pain quotidien à leur travail. Je continuai à voir M. Cousin, mais plus rarement. Je l'avais suppléé pendant plus de dix ans; il était suppléé maintenant par un de mes élèves, qui valait mieux que moi, et dont il était avec raison plus satisfait. Il admirait beaucoup l'Empire, ce qui contribuait à nous éloigner l'un de l'autre. Il ne le servit pas cependant. Il n'aurait tenu qu'à lui; on lui aurait prodigué tous les honneurs et tous les profits. Il jugea que la retraite était plus digne. Il avait abandonné toutes ses places, et ne se rattachait plus à l'Université que par son titre et son traitement de professeur à la Sorbonne. Il y renonça définitivement en 1852. Il conserva son logement à la Sorbonne. Il ne pouvait déloger sa bibliothèque. Il ne l'aurait pas voulu, s'il l'avait pu, parce qu'il tenait à la léguer tout installée à l'Université. Presque tous ses amis étaient exilés. L'exil de M. Thiers, qu'il regrettait par-dessus tout, se prolongea pendant une année. Cousin vivait dans sa bibliothèque et dans les Académies. Il voyait les amis de sa jeunesse, M. Mignet surtout, avec lequel il gémissait sur l'absence de M. Thiers. Il n'abandonnait pas ses philosophes, Barthélemy-Saint Hilaire, Franck, Vacherot, Bouillier; de plus jeunes, M. Caro, M. Paul Janet, M. Ch. Waddington. Mais s'il n'abandonnait pas les philosophes, il délaissait un peu la philosophie. Il ne publia guère, dans les der-

nières années de sa vie, que des œuvres littéraires.
J'en vais donner, pour achever ces souvenirs, la
nomenclature plutôt que l'analyse.

CHAPITRE V

LES AMOURS

J'ai entendu M. Cousin dire un jour à un philosophe qui pensait à déserter pour se jeter dans la critique historique : « Ne vous espacez pas; *nolite exspatiari*; creusez toujours le même sillon; donnez-vous le mérite et les bénéfices de la persévérance. Si vous écrivez sur tous les sujets, vous pourrez montrer la flexibilité de votre esprit, vous n'en montrerez pas la force. Il faut avoir une carrière, et mettre de l'unité dans sa vie. »

Il a marqué dans la philosophie une si grande trace, qu'on peut dire qu'il est resté personnellement fidèle à cette doctrine. Il pouvait impunément faire des livres de littérature et d'érudition; il n'en était pas moins, pour ses contemporains et pour la postérité, un philosophe. Ceux qui pensent qu'il a moins été un philosophe qu'un prédicateur de philosophie, et qu'il a aimé surtout, comme Cicéron, dans la philosophie, un genre de littérature noble et atta-

chant, diront que ses digressions ont été bien longues, qu'elles ont pris près d'un tiers de sa vie intellectuelle, et qu'une fois entré dans l'étude du xviie siècle, il en a tiré tant de beaux récits et de curieux
portraits qu'il a bien l'air de se plaire dans le commerce de Mme de Longueville autant que dans celui
de Xénophane et de Proclus. La vérité est qu'il n'a
pas écrit moins de neuf volumes sur les femmes et la
société du xviie siècle. Je cherche comment il y a été
conduit. Il suffit quelquefois d'un incident fortuit
pour donner naissance à un livre. Un manuscrit
d'Abélard, découvert dans une bibliothèque de province, appelle l'attention de M. Cousin sur ce héros
de la scolastique, dont l'histoire est plus émouvante
que les écrits. Une autre fois, c'est un manuscrit de
Pascal qui lui tombe sous la main, et lui fournit l'occasion de montrer que derrière le Pascal que nous
avions il existait un autre Pascal plus vrai et plus
grand. Je pourrais citer encore la découverte des
lettres de Malebranche, qui lui révélèrent le Père
André, et nous valurent un intéressant petit livre.
Cependant Cousin n'est pas un fantaisiste; tout est
réflexion chez lui; il ne gouverne pas seulement le
mouvement de sa pensée : il entreprend chaque œuvre
à son heure et, pour lui prendre sa propre expression, il met de l'unité dans sa vie. Quand la réaction
de 1820 lui fait des loisirs, il donne une traduction et
deux éditions, mais de qui? de Platon, de Proclus,
de Descartes; de ses trois inspirateurs, de ses trois
maîtres; et, après avoir ainsi réglé ses affaires avec

le passé, il part pour l'Allemagne, où Kant a fait, dit-il, une révolution en philosophie aussi profonde que notre révolution politique de 1789, et où il va trouver ses deux maîtres nouveaux, Schelling et Fichte.

Je pense que c'est Pascal qui a commencé à le détourner de la philosophie proprement dite. Quoi! un philosophe? Oui, et très grand, mais un peu troublé, un peu dévoyé, un grand malade; l'honneur et le fléau de la philosophie; qui est obsédé par la raison imbécile, et la secoue fortement et tragiquement sans pouvoir ni la détruire ni s'en délivrer. Cousin a pensé à Pascal pendant toute une année, et il a fait sur Pascal un livre très philosophique, et surtout très littéraire, une œuvre de critique tout à fait hors de pair. A ce livre se rattache un épisode de sa vie, qu'il ne faut pas exagérer, qui n'est pas trop à son honneur, et qui a fait un bruit terrible pendant tout un trimestre. Ce n'est au fond qu'une historiette.

On avait trouvé dans les papiers de Jouffroy la matière d'un volume de Mélanges. La veuve confia ces manuscrits, qui avaient besoin de retouches insignifiantes, à Damiron, le fidèle ami du mort; Damiron, celui que Cousin appelait le Sage des Sages: un homme que personne n'a jamais connu sans l'aimer. Le plus important de ces manuscrits était une espèce d'autobiographie, où Jouffroy racontait surtout l'histoire de sa pensée. Ce morceau courut de main en main avant l'impression parmi les fidèles, et nous en fûmes tous charmés et touchés; on y retrouvait toute

la candeur et toute l'élévation de cette âme d'élite,
Damiron l'offrit à la *Revue des Deux Mondes*, qui
s'empressa d'accepter, et il fut convenu entre lui et
Buloz que je relirais avec soin le manuscrit, et que je
corrigerais les épreuves. Ainsi fut fait. La veille ou
l'avant-veille du jour où la revue devait paraître,
Damiron monta chez moi pour prendre les feuilles
déjà revêtues du *bon à tirer,* et les emporta pour y
jeter un dernier coup d'œil.

C'était un samedi. Il se rendit en sortant de chez
moi à la séance de l'Académie des sciences morales,
où il siégeait à côté de Cousin. Il entre, met son
chapeau devant lui, et les épreuves dans son chapeau.
Cousin, qui avait l'œil à tout, suivant son habitude,
aperçoit des épreuves d'imprimerie. « Qu'est-ce là ?
— Le mémoire de Jouffroy, dont je t'ai parlé, et que
tu n'as pas voulu lire sur le manuscrit. » La séance
n'était pas intéressante. Cousin le prend et le parcourt. Il tombe immédiatement sur la phrase si souvent reproduite, où, parlant de son séjour et de ses
études à l'École normale, Jouffroy se plaint qu'on y
parlât uniquement de l'origine des idées, et non du
problème de la destinée humaine, qui était dès lors,
et fut toute sa vie, sa préoccupation principale. « La
philosophie était dans un trou.... » Et il terminait par
ces mots : « Voilà ce que nous dûmes à l'ignorance
de notre jeune maître. » Ne trouvez-vous pas que
c'était bien innocent? Innocent d'autant plus que
Jouffroy, qui ne voyait pas alors toute l'importance
du problème de l'origine des idées, ne tarda pas à

la comprendre, et s'y enfonça comme « son jeune
maître ». Ce jeune maître, c'était Cousin, qui débutait
dans l'enseignement de la philosophie avant d'être
philosophe, ce qui était alors, en France, l'histoire
de tout le monde. Ce mot si simple, si vrai, qui
n'aurait choqué personne, qui probablement aurait
passé inaperçu, lui parut une mortelle injure. Comment Jouffroy a-t-il pu l'écrire? Et comment Damiron — et d'autres — ont-ils pu le laisser? « Tu
l'ôteras. — Je m'en garderai bien. Je puis finir une
phrase inachevée, remettre sur ses pieds une phrase
incorrecte. Changer la pensée de l'auteur, je ne le
puis, ni ne le dois, ni ne le veux. » Et il entreprit la
tâche, qui aurait été facile avec tout autre, de lui
montrer que cette critique, si c'en était une, était
bien inoffensive, et que sa gloire n'en souffrirait
pas. Cousin ne prit pas la peine de discuter. Il alla
chez Mme Jouffroy, qui comprit seulement que son
mari était l'élève et l'ami de Cousin, qu'il n'avait pas
voulu l'offenser, et que, si le mot dont il s'était servi
était trop dur, c'était une faute échappée dans un
premier jet, qu'il n'aurait pas manqué de corriger
lui-même. La phrase fut corrigée; c'était bien peu de
chose, un mot pour un autre, une retouche, qu'à tous
les points de vue possibles il aurait mieux valu ne
pas faire. Damiron résista obstinément, Buloz jeta
les hauts cris; mais Mme Jouffroy, pour laquelle
Cousin demandait une pension en ce moment même,
imposa sa volonté, et l'article parut sans le mot.
Toute l'histoire fut publiée le jour même, par Pierre

Leroux, qui était aux aguets, et dont les articles
furent réunis le mois suivant dans un opuscule intitulé *la Mutilation des manuscrits de Jouffroy par les
éclectiques*. Cousin, pour éviter une piqûre d'épingle,
avait couru de gaieté de cœur au-devant d'un gros
scandale. Celui qui en souffrit le plus, qui en souffrit
cruellement, fut Damiron, qui en était innocent.

On a dit, et je le crois, que Cousin, voulant faire
diversion, partit en guerre contre les amis de Pascal
coupables d'avoir mutilé ses écrits après sa mort.
Il soutint à grand bruit qu'on ne peut changer une
syllabe dans un écrit posthume sans atteinte contre
les droits du mort, et contre ceux de la pensée humaine, maîtresse et propriétaire des belles œuvres,
à mesure qu'elles se produisent. Ce beau zèle nous
valut un admirable mémoire. Cousin le lut d'abord
à l'Académie française, et il ne tarda pas à en faire
un livre qui a donné naissance à plusieurs belles
éditions des *Pensées* de Pascal. Le moyen de l'accuser ensuite d'avoir pris des libertés avec la prose
de Jouffroy !

En lisant son mémoire sur la nécessité de faire
une nouvelle édition des *Pensées* de Pascal, on est
frappé de trois choses : de la sûreté et de l'étendue
de ses connaissances littéraires, du bonheur évident
qu'il éprouve à traiter des questions de goût et de
critique, et de sa passion d'érudit pour les belles
éditions et les découvertes de variantes et de manuscrits. Sa bibliothèque, dont il a fait don à l'Université, et qui est la mieux tenue, et l'une des plus pré-

cieuses de Paris, atteste que la philosophie n'avait
pas tous ses amours. Il était très riche en belles
estampes, en éditions originales, en classiques anciens et modernes, en classiques du XVIIᵉ siècle
principalement; il les mettait à la place d'honneur,
dans les plus belles reliures, plaçant les éditions
rarissimes à côté des éditions de luxe. Je voudrais
que mon ami Barthélemy-Saint Hilaire, pour se dé-
lasser d'avoir publié en vingt volumes une belle traduction d'Aristote, se donnât le plaisir et nous rendît
le service d'écrire un catalogue raisonné de cette
bibliothèque qui serait tout un chapitre de la vie de
M. Cousin. Il n'y a pas un de ces volumes qu'il n'ait
cent fois touché, tourné, retourné, déplacé, consulté.
Plusieurs lui ont coûté de longues courses, de longues scènes dans les arrière-boutiques de libraires,
des prodiges de diplomatie, même au besoin quelques mensonges. Quant à l'argent, qu'il ne prodiguait pas, il en avait toujours pour ses livres. Il était
le favori de tous les bouquinistes. Il fallait livrer
plusieurs batailles avant d'avoir son dernier mot et
son argent; mais plus d'un, parmi eux, est un savant,
ou un artiste; et ils aimaient mieux batailler avec
un savant et un artiste comme Cousin que d'empo-
cher les écus d'un ignorant qui achetait une mer-
veille par vanité et non par amour.

Quand la duchesse d'Orléans vint en France, Cousin
apprit qu'elle l'avait nommé tout au premier rang de
nos grands hommes. Vous jugez qu'il en fut bien fier.
« Je lui offrirai un de mes ouvrages. » Il pouvait

offrir à la princesse Hélène ses *Leçons sur Kant*, ou
ses *Fragments philosophiques* : elle était en état de
les lire. Il trouva plus galant de lui donner son *Rap-*
port sur l'enseignement public en Prusse, et justement, comme il en avait fait hommage au roi, il lui
restait un exemplaire sur papier de Hollande. Pour la
première fois, il dit à Beauzonnet de se donner carrière. Ils firent à eux deux le plan d'une reliure sans
pareille. On examina les plus belles peaux ; on s'assura de la qualité des ors ; on fit des fers tout exprès.
L'étui lui-même devait être un chef-d'œuvre. D'un
côté on voyait les armes de France, et, de l'autre,
celles de Mecklembourg-Schwérin. A l'intérieur,
elles étaient écartelées. Rien n'égalait la finesse du
trait, l'élégance et la juste proportion des ornements.
Il fallut du temps ; la duchesse était arrivée, elle avait
fait à Cousin le meilleur accueil, et le livre était
encore entre les mains du relieur. Enfin vint le jour
où tout fut terminé. Le livre fut transporté de chez
Beauzonnet à la Sorbonne avec toutes les précau-
tions nécessaires et installé tout seul sur une table
au milieu du grand salon de la bibliothèque. C'est
là que les grands connaisseurs furent conviés à venir
le voir. Téchener fut appelé, de Sacy, Charles
Nodier, Libri, qui demeurait vis-à-vis ; les confrères de l'Académie française ; non pas tous, ceux
seulement qui avaient des droits. Ce fut ensuite le
tour des amis d'importance ; et nous-mêmes, nous
arrivâmes après tout le monde, en feignant de nous
y connaître et de nous pâmer d'admiration. Cette

procession dura si longtemps qu'on se demanda un
jour, et qu'on demanda à Cousin quand elle finirait.
Ma foi, il ne chercha pas de prétexte; il se mit à rire
bonnement, et confessa que d'un si rare chef-d'œuvre
il n'avait pas le cœur de se séparer. Il n'est plus là
pourtant, et elle ne l'a pas emporté, la pauvre princesse!

　Je comprenais mieux l'enthousiasme de Cousin
pour publier les belles œuvres inédites. M. Taine,
qui le loue beaucoup d'avoir eu cette passion et de
l'avoir, plus d'une fois inspirée à d'autres, cite une
page de lui où il adjure les détenteurs des lettres de
Malebranche de les publier. « Ils commettent un vol
en les condamnant à l'oubli, dit-il. Ils nous les doivent; c'est le patrimoine de tous les lettrés. Si le
propriétaire de ces manuscrits redoute la dépense,
je la ferai. S'il faut une notice, ou des notes, je suis
prêt. » Ce passage m'a rappelé une anecdote qui
mérite d'être connue des bibliophiles.

　On annonçait une vente d'autographes de Malebranche. Il y court. Le manuscrit est authentique; il
faut l'avoir. Première surenchère. Un libraire en fait
négligemment une autre. Cousin irait vite s'il s'écoutait, mais il se contient, il marche à petits pas, pour ne
pas laisser voir l'immensité de son désir. L'autre, toujours aussi réservé et tranquille, lui marche pourtant
sur les talons. De petites sommes en petites sommes,
on arrive à une grosse somme. Cousin commence à
trembler. Il interroge le libraire, il regarde le public. Enfin le véritable acheteur entre dans la salle;

Cousin le devine aussitôt. « Que feriez-vous de cela ? »
Il le chapitre sur la nécessité de mettre un pareil
trésor en bonnes mains. Grand oubli de la part d'un
si grand politique! Plus il insiste, plus l'autre est
résolu. Impossible de lutter contre cette grosse
bourse. Il faut céder. Le libraire reçoit les précieux
feuillets et les remet à son heureux client. Aussitôt
Cousin change de batterie. « Vous allez les publier?
— Pas du tout! » Ici tout le passage cité par M. Taine
avec force développements : « Laissez-moi monter
dans votre voiture. — Grand honneur pour moi. »
Il le suit dans son cabinet et se met sur les compliments. « Voilà votre avant-dernière conquête! — J'ai
mieux que cela. — Où donc? — Tenez, admirez! —
Cela ne vient pas de l'Hôtel des ventes. Comment
avez-vous fait? — C'est mon secret! — Mais le Malebranche! (Revenant à son sujet, où l'autre l'attendait
de pied ferme.) Ces lettres ont été écrites avant la
Recherche de la Vérité. Il y a une phrase qu'on peut
regarder comme la première lueur d'une opinion....
— Quelle opinion? — C'est mon secret. Voulez-vous
publier? Je ferai une préface. — Et j'aurai travaillé
aujourd'hui pour vous? — Non. Je vous fais cadeau
de ma prose. Vous la publierez sous votre nom. —
Pour que tout le monde vous reconnaisse! » Cousin
n'espérait rien. Il connaissait trop son homme. Il
savait qu'il ne viendrait pas à bout de son entête-
ment. Il combattait pour l'honneur, pour qu'il ne fût
pas dit qu'il n'avait pas tenu pied à pied devant
l'ennemi. « Prêtez-le-moi, dit-il en poussant de

gros soupirs. — Faites-moi le plaisir de le con-
sulter chez moi ; mon cabinet sera le vôtre. » Nouvelle négociation, dans laquelle cependant Cousin
fut vainqueur à demi. On lui prêta le manuscrit, qui
était volumineux, avec promesse solennelle de le
rendre le lendemain, avant dix heures du matin. La
nuit était venue ; Cousin ne le lirait qu'à la lampe. Il
part avec le précieux trésor. Quatre élèves de l'École
normale, mis aussitôt en réquisition, passèrent la nuit
à le copier. Mme Blanchard leur fit de sa fameuse
soupe aux choux, pour leur donner du cœur à la
besogne. A dix heures sonnantes, Cousin était chez
son homme, qui fut bien soulagé en le voyant, et le
félicita de son exactitude. Cousin fait l'indifférent,
parle d'autres affaires, et, en prenant la porte pour
sortir : « A quand la publication ? dit-il. — Mais je
vous l'ai dit, répond l'autre. Ma résolution est im-
muable. — Cela étant, dit Cousin, je vous offrirai un
exemplaire en grand papier dans un mois d'ici. »
Ce fut à l'interlocuteur à se mordre les doigts et à
comprendre qu'il était joué. Il ne lui restait plus
qu'à se montrer un ami généreux des lettres. Il le
fit, et fit bien.

Cousin était entré par Pascal dans l'étude de la
société française du xviiº siècle. Descartes avait
presque toutes ses relations hors de France. Pascal,
c'était différent. Ce dévot, ce fanatique était du monde.
Cousin connut par lui Mademoiselle de Roannez.
Il connut surtout Jacqueline. On peut dire qu'avec
sa manie de pousser loin ses recherches, il étudiait

Pascal en elle. Ce premier livre sur les femmes du XVIIᵉ siècle peut à la rigueur passer pour une œuvre philosophique, à cause du nom et de la profession de l'héroïne. Mais il était déjà évident que Cousin était pris, qu'il ne resterait pas dans les cloîtres, et que, tout philosophe qu'il était ou qu'il avait été, il fréquenterait les ruelles. Vous savez qu'outre les grands seigneurs on y recevait aussi les cuistres, pour l'amour du grec. Mais ce cuistre-là ne parlait pas comme Ménage — ou comme Vadius; — il était de la race des plus beaux esprits.

Il fit revivre successivement Mme de Longueville, Mme de Sablé, Mme de Chevreuse, Mme de Haute-fort; oui, revivre, quoi qu'on en dise, et malgré son étalage d'érudition. S'il sort de la biographie pour faire une peinture de la société française au XVIIᵉ siècle, il a soin de vous prévenir d'abord que cette société est celle des précieuses, et qu'il prendra son point d'appui dans le *Grand Cyrus*. Les neuf volumes qu'il publie ainsi sont un agréable, mais singulier appen-dice aux huit volumes d'*Histoire de la philosophie*, aux cinq volumes de *Fragments philosophiques*, aux manuscrits de Proclus, au *Sic et Non* d'Abélard.

C'en est fait. Cousin se confine dans le XVIIᵉ siècle, pour lequel il avait un amour passionné, et dans la première partie du siècle, dans la partie héroïque et tourmentée; il la préfère évidemment à la société plus accomplie et plus réglée qui règne sur l'Europe avec Louis XIV. Il pouvait s'attacher aux héros, aux prédicateurs, puisqu'il est du métier, aux grands

écrivains; non, ce sont les femmes qui l'attirent, et
non plus les femmes dévotes et austères comme
Jacqueline, mais les grandes amoureuses et les
belles repenties. Il fréquente les salons et les ruelles
plutôt que les cloîtres. S'il fait un livre sur Mazarin,
c'est pour l'étudier dans sa jeunesse, c'est-à-dire au
moment où il essaye sur les femmes de la cour le
génie politique qui lui permettra de réussir aussi
bien que Richelieu, sans avoir à frapper d'aussi
rudes coups. Qui l'eût dit quelques années auparavant, quand Cousin traduisait Platon, commentait
Xénophane, éditait Proclus, qu'aux approches de la
vieillesse il s'enfoncerait, pour n'en plus sortir, dans
la lecture du *Grand Cyrus*, qu'il serait au courant
des propos et des opinions de Mlle de Scudéry,
qu'il s'intéresserait, non seulement aux grandes passions et aux grandes aventures, mais aux goûts et
aux fantaisies des dames galantes, que sa curiosité
fouillerait les replis de leur cœur, et que ce serait
un lieu commun dans les lettres de le représenter
comme l'amant posthume de Mme de Longueville?
Il est le seul homme, apparemment, dont on ait pu
dire qu'il a aimé une maîtresse morte depuis deux
cents ans. Il s'adressait tout simplement à une femme
ravissante qui était la sœur du grand Condé, et qui
avait quelque chose de l'humeur indisciplinée de son
frère. M. Taine, qui a écrit sur M. Cousin le plus
brillant, le plus spirituel, le plus profond et le plus
malveillant des livres, M. Taine est fort plaisant
quand il dit que Cousin se croyait le beau-frère de

Condé et le rival de La Rochefoucauld. C'est que cette histoire de Mme de Longueville, en dépit d'un appareil bibliographique peut-être un peu déplacé, mais à coup sûr bien amusant pour ceux qui ont connu M. Cousin, est une histoire passionnée et vivante. Ces plaisanteries sur la passion rétrospective de Cousin, qui ont amusé il y a quarante ans les salons de Paris, que nous répétons, M. Taine et moi, lui presque comme une critique, et moi presque comme un éloge, seraient en vérité bien frivoles, s'il y avait, dans les portraits peints par M. Cousin, aussi peu de réalité et de vie que M. Taine le prétend. Il compare cette galerie à celles de Michelet et de Sainte-Beuve, et il dit en propres termes que Cousin n'a que de l'érudition et de la déclamation, et qu'il y a dans les deux autres le génie propre de l'historien, qui est la création.

C'est un jugement, à mon avis, plus que sévère. Sainte-Beuve, en écrivant comme parle dans un salon un homme de beaucoup d'esprit et d'un esprit très cultivé, analyse et décrit son sujet avec précision et finesse, songe surtout à être vrai et complet, revient, s'il le faut, sur un détail jusqu'à ce que la ressemblance soit parfaite. C'est un art délicat et charmant, qui, sans affectation ni apprêts, vous introduit dans l'intimité des personnages, vous révèle leurs secrets et vous fait toucher au doigt leurs qualités comme leurs défauts. Michelet est plus bruyant; sa phrase est toujours inattendue; on n'aperçoit pas celle de Sainte-Beuve, on n'y pense pas; il faut bien

penser à celle de Michelet, qui ne ressemble à aucune
autre. Elle se soucie peu de la correction, on le sent,
et pourtant elle n'est jamais incorrecte. Elle est souvent inachevée, parce qu'il voit que sa pensée sera
comprise, et qu'il a hâte d'aller plus loin. Il a de ces
grands mots qui éclairent un caractère ou une scène ;
il les sème à profusion, parce qu'ils lui viennent sans
être cherchés. Personne ne passe du grandiose au
familier avec plus de facilité. Ce n'est pas cherché,
ce n'est pas voulu ; il n'y a ni apprêt ni système :
il se laisse aller, on se laisse conduire. C'est son
esprit qui est ainsi fait, qui suit son courant, dans
lequel il vous entraîne. Il a beau être un grand
peintre, il est aussi un humoriste et un fantaisiste ;
il met toujours Michelet dans le tableau. Si par
hasard il ne parle pas de lui, regardez bien, il y
a un des personnages qui tient sa place. Tout cet
ensemble est charmant, attrayant et troublant ; tout
y est exagéré, le mouvement surtout. Michelet n'a
jamais connu le calme. Il dédaigne le repos. Il vous
traîne après lui dans une course désordonnée à
travers mille enchantements. Quand une fois on a
pris la main qu'il vous tend, on ne peut plus et on
ne veut plus s'arrêter. C'est une fascination, une
magie. A en croire M. Taine, Cousin remplace cette
fantasmagorie par un signalement. Il arrive à pas
comptés ; il met ses lunettes, il prend sa toise. Il
n'avance pas sans donner ses raisons et sans apporter
ses preuves. Si la dame a un grain de beauté, il dit
quels sont ceux de ses portraits qui l'ont marqué et

ceux qui l'ont omis. Quand il décrit sa chambre, il donnerait le nom du tapissier, s'il l'avait. Il a des textes pour chaque menu détail, et il les cite dans la meilleure édition, dont il a soin de donner la date, avec le nom de l'éditeur et celui du libraire. « A chaque instant, vous le voyez entrer dans le récit, un paquet de livres sous le bras. » Il traîne à travers ses récits « un tombereau chargé de documents ». Même dans l'histoire de Mme de Longueville, où son cœur s'intéresse, il ne peut pas s'empêcher de montrer le cuistre. « Au moment où la douce figure commence à se reformer sous les yeux du lecteur, il entend un fracas d'in-folio qui tombent. »

Eh bien, j'accorde le cuistre, les citations et les in-folio. Je comprends qu'on puisse s'en plaindre. J'ai peut-être mes raisons, que M. Taine n'a pas, pour aimer les cuistres. Les citations, les indications de textes, surtout quand elles sont trop fréquentes, importunent, j'en conviens. Elles donnent pourtant de la sécurité, ce qui est un des procédés pour faire revivre. Michelet ne cite jamais. Il n'y a pas une note dans ses histoires. Si, par le plus grand hasard du monde, il écrit au bas de la page un nom d'auteur, n'ayez pas peur qu'il ajoute le chapitre et le titre du livre. Il faut absolument l'en croire sur parole, et, comme il est toujours dans le paroxysme de l'admiration ou de la colère, c'est une parole périlleuse. Les in-folio ne sont, dans la phrase de M. Taine, qu'une plaisanterie. Et pourtant, oui, Cousin était un des derniers amis des in-folio. On n'en fait plus au-

jourd'hui qu'à l'Académie des inscriptions ; on en faisait beaucoup il y a deux ou trois siècles. J'en ai bien
remué avec lui chez Méquignon et chez Mme Porquet.
Ce n'était pas très commode, mais vous pensez vous-
même, au fond de votre cœur, que c'était superbe. Je
crois bien qu'il lisait de préférence le *Grand Cyrus*
dans un in-folio. Il n'abuse pas des livres autant que
M. Taine veut bien le dire. Il a droit d'en parler et de
les citer, car il les connaît et il s'y connaît. J'aime
assez, pour ma part, que les gens gardent l'aspect et
les habitudes, et je dirai presque le costume de leur
métier, surtout quand le métier est aimable et honorable. Je me rappelle toujours un mot de M. Saint-
Marc Girardin, qui venait de passer une heure avec
M. Nisard, M. Patin, M. Cuvillier-Fleury et un autre
qu'il est inutile de nommer. « Nous étions là trois ou
quatre pédants qui nous sommes bien amusés. »
Pédant ou non, il faut croire que M. Cousin est
attrayant dans ses ouvrages littéraires, puisqu'ils ont
charmé tout ce qui à Paris, et en Europe, s'intéresse
à l'histoire des lettres et à celle des beaux sentiments.
Je ne pense pas qu'il suffise d'avoir du succès pour
mériter d'en avoir ; je sais qu'il y a des succès de
mauvais aloi, mais je tiens compte du genre de ses
livres, de l'auteur, de son public, et j'affirme qu'il n'y
a ici que des idées justes, des sentiments nobles, des
faits constatés et un style qui aurait été goûté chez
Mlle de Scudéry. Après tout, M. Taine ne reproche
à M. Cousin que d'avoir écrit au xixᵉ siècle. Il est
fort incomplet et fort discutable comme écrivain du

xix° siècle; s'il avait eu l'heureuse chance de naître
pendant la jeunesse de Mazarin, il serait justement
compté parmi les plus beaux esprits. Cette conclusion
me rassure sur les critiques un peu âpres du commencement. Nous l'emportons en beaucoup de points
sur nos aïeux; ce n'est pas en fait de belles-lettres.
Au lieu de chicaner M. Cousin sur quelques déclamations qui se glissent par-ci par-là dans ses livres,
car je ne veux pas nier qu'il eût le tempérament oratoire, j'aime mieux répéter avec Sainte-Beuve « que
les verves du merveilleux écrivain, de quelque côté
qu'elles se portent, ne sont ni rapides ni éloquentes
à demi ».

Je conserve donc toute mon admiration d'autrefois
pour ces volumes préparés avec beaucoup de science,
composés avec art, qui nous donnent des inventaires
et des catalogues, mais en répandant un certain charme
même sur ces matières ingrates, qui racontent les faits,
pénètrent les intentions et les sentiments, parlent la
même langue que les héroïnes dont ils font le portrait, et, s'ils y mettent parfois un peu de solennité et
de convention, n'en sont après tout que plus ressem-
blants. Ils me laissent peut-être cette impression
qu'un homme tel que M. Cousin pouvait employer
plus utilement ses connaissances, sa sagacité et son
éloquence. Mais, dans ce qu'ils sont, ils honorent
infiniment leur auteur et les lettres contemporaines.

Presque tous ont paru d'abord dans le *Journal des
Savants*, ce qui explique encore leurs allures érudites,
ou dans la *Revue des Deux Mondes*, car M. Cousin

aimait beaucoup à remanier, à compléter; c'étaient
d'abord des mémoires, puis des articles de revues ou
de journaux, et enfin un volume, qui était la forme
définitive et complète; et alors, comme il avait achevé
sa découverte et donné à sa pensée tous ses développements, il y ajoutait des citations, des appendices,
des tables raisonnées, un peu comme le faisaient ses
ancêtres, les savants et les beaux esprits du xvi° et
du xvii° siècle. Même dans la première période de sa
vie, je veux dire dans la période de fièvre métaphysique, il s'échappait en recherches d'érudition et en
travaux littéraires. J'ai déjà marqué qu'en 1820 et les
années suivantes, au lieu d'écrire un corps de doctrine
qui lui appartînt, il s'occupa de publier des documents et des commentaires, Proclus, Descartes; des
traductions, Platon, le 1er et le 12° livre de la *Métaphysique* d'Aristote; des voyages; de la pédagogie;
des rapports sur les écoles de la Hollande et de l'Allemagne. De même après 1830, ses travaux sur les
femmes de la société du xvii° siècle ne l'absorbèrent
pas au point de lui faire abandonner entièrement la
philosophie. Il fit une revision générale de ses cours,
publia quelques volumes nouveaux de philosophie,
dans sa nouvelle gamme de philosophie officielle. Sa
vie n'est pas aussi complètement coupée en deux
qu'elle le paraît. Le traducteur de Platon lira le *Grand
Cyrus*; on le devine. Le commentateur du *Grand
Cyrus* a traduit Platon; on s'en aperçoit. Tout le
secret de cette vie, c'est que Cousin a aimé et cultivé
surtout la politique de la philosophie. Il a pris, au

commencement, la philosophie comme un thème de
prédication. Il y a vite gagné la fièvre métaphysique,
qui l'a promené pendant quinze ans à travers les
écoles, et qui l'a abandonné tout à coup au moment
où la philosophie abdiquait entre ses mains, et le
reconnaissait pour son maître. Ses grands états de
service sont de l'ordre politique. Comme philosophe
et chef d'école, M. Janet emploie tout son grand
talent à le reconstruire, ce qu'il ne sera jamais nécessaire de faire pour Kant, Schelling ou Hegel. Mais il
n'y a pas besoin d'efforts pour démontrer que Cousin
a exercé sur la philosophie, sur l'enseignement et sur
les lettres françaises la plus grande et la plus heureuse influence.

M. Taine, en finissant sa brillante et mémorable
étude sur Cousin, assure qu'il lui a manqué surtout
d'être né au XVIIᵉ siècle. Il aurait été d'Église, et
serait devenu le prédicateur favori de ces grandes
dames que nous connaissons si bien grâce à lui. Il
va jusqu'à nous faire assister à l'un de ses sermons, et à décrire ses émotions en présence de
Mme de Longueville.

A ce tableau j'en oppose modestement un autre.

Les Parisiens ont eu l'idée de fonder une grande
École des hautes études ou quelque autre bel établissement auquel un grand et noble esprit puisse s'inté-
resser. On a prié Cousin de remonter une heure dans sa
chaire pour en expliquer le but et le plan. Il est parti
aussitôt de Cannes, où son médecin l'avait exilé, et,
bravant la fatigue pour s'associer à une grande œuvre,

il est venu : le voilà. C'est la même chaire, le même amphithéâtre, la même.Sorbonne ; c'est aussi le même homme. Il a la même voix, le même geste, la même imagination, la même énergie qu'il y a cinquante ans. Il promène en entrant ses regards sur la foule. La jeunesse est encore là, une autre jeunesse, aussi avide d'émotions et de science que celle qu'il a connue. Elle est refoulée sur les hauts gradins, parce que tous les vieillards sont accourus pour entendre encore une fois celui qu'ils appellent leur maître. L'Institut tout entier a pris place sur les bancs ; à côté de lui, tout ce qui, à Paris, occupe une chaire ou travaille dans un laboratoire. On se rappelle sa vie en le voyant, son enfance misérable, ses fortes et brillantes études. On le suit à l'École normale, où il entre le premier de tous, et qu'il marque fortement de son empreinte, comme élève d'abord, et immédiatement après comme maître, à vingt ans, de littérature grecque ; à vingt et un ans, de philosophie. A vingt-trois ans il supplée Royer-Collard à la Faculté des Lettres. Où cela ? Tout près d'ici, dans les salles du collège Du Plessis, annexé à Louis le Grand. Mais il n'y reste pas longtemps ; la nouveauté et l'éclat de son enseignement attirent une telle affluence qu'il faut ouvrir pour lui cette même salle de la Sorbonne, où il rentre aujourd'hui après un demi-siècle. C'est ici qu'il vient, de 1815 à 1820, initier la jeunesse à tous les grands problèmes de la philosophie. La Romiguière l'avait charmée par son esprit et les grâces de sa parole ; Royer-Collard l'avait conquise par l'autorité et la force de sa dialectique ; mais ils s'absorbaient, l'un et l'autre, dans l'étude des facultés de l'âme, tandis que celui-ci agite tous les problèmes de la destinée humaine, de l'origine du monde et du développement de l'histoire. Tous les systèmes lui sont familiers, toutes les sciences lui apportent leur tribut, il raconte la marche des siècles et les évolutions de la pensée. Il monte si haut, il descend si bas, il voit si loin, que la science qu'il expose semble être la synthèse de toutes les sciences. Il parle avec lenteur, parce que sa parole suit le mouvement de sa pensée, et que sa pensée poursuit la vérité sous l'œil même de ses auditeurs, qu'il associe aux émotions de ses découvertes. Quelle langue puissante, colorée, variée, libre et pourtant correcte, claire et pourtant toute nouvelle, se prêtant aux déductions les plus difficiles de la métaphysique sans rien perdre de sa limpidité, alliant, dans une juste mesure, l'élévation à la grâce, remontant les esprits et les charmant tour à tour ; la science d'un érudit, la force d'un penseur, l'éloquence d'un maître ! Si jeune et déjà si illustre, il vit au milieu de ses livres, de la vie d'un anachorète ; le monde n'est rien pour lui ; il n'aime, il ne connaît, il ne veut que la science. Il a beau savoir que le gouvernement de la Restauration est là, qui le guette ; il est aussi insensible à la peur qu'à l'ambition, si bien qu'un jour la réaction, devenue toute-puissante, met la main sur lui et le brise. Réduit au silence, il s'enfonce dans l'Allemagne, qui est pour nous, Français, un monde mystérieux et inconnu. Il y est tour à tour

acclamé par les savants et persécuté par les gouver-
nants. Quand il remonte dans sa chaire en 1828, « au
retour des espérances constitutionnelles », avec la
double auréole de la destitution et de la persécution,
il apporte à son auditoire toute une philosophie nouvelle, non pas la philosophie du XVIIe siècle, mais la
philosophie la plus vivante et la plus puissante, celle
qui résume les aspirations du XIXe siècle, et qui doit
à jamais le marquer de son empreinte. 1830 l'investit
du gouvernement de la philosophie; il se consacre à
cette tâche avec la même ardeur qu'il apportait à son
propre enseignement. Il prend la direction de l'École
normale, il préside le jury d'agrégation, il donne aux
professeurs leur programme et leur règlement; il les
choisit, il les dirige, il les anime de son zèle, il les
nourrit de sa doctrine, il les associe à sa tâche; pendant quinze ans il enseigne à la fois dans toutes les
chaires du royaume. L'Université est attaquée : il
la défend. La philosophie est en péril : il la sauve.
S'il se détourne un instant de la philosophie, c'est
pour créer, avec M. Guizot, l'instruction primaire.
Les livres qu'il a écrits formeraient toute une bibliothèque. Cet enseignement, cette direction, ces écrits,
n'est-ce pas une vie amplement et noblement occu-
pée? Il trouvait encore le temps, au milieu de tous
ces travaux, de tenir la première place, comme
causeur, dans les salons parisiens, car le monde
le conquit, après les austères années de sa jeunesse, et il comprit ce genre de littérature toute
française qu'on appelle la conversation mondaine;

il n'y connaissait pas de rivaux; sa verve inépui-
sable se dépensait en écrits, en leçons, en conversations, en correspondance, en action. Point de
maladies, point de défaillances. Même quand il était
enfermé dans les cachots de la Prusse, dévoré
d'inquiétude pour l'issue de son procès et pour
l'achèvement de son *Platon,* il étudiait la langue allemande, il traduisait des poésies de Gœthe. A l'avènement de l'Empire, la direction de l'enseignement
lui échappe. Son activité se réfugie dans les Académies. Il les éclaire, il les dirige, et, pour tout
dire, il y intrigue. Il a connu tous les grands sur-
vivants du dernier siècle et de la Révolution, tous
les grands lutteurs de la Restauration, tous les hommes d'État de la monarchie de Juillet, tous les philosophes et tous les grands écrivains de la France et
de l'Europe. Nous le retrouvons ici, à soixante-quinze
ans, tout entier, n'ayant pas perdu une heure de sa
vie. Cet homme travaillera le jour de sa mort. Il peut
regarder tous les hommes illustres qui l'entourent,
orateurs, savants, philosophes, historiens; il est de
leur monde et de leur rang, et tout à l'heure, quand
vous l'entendrez parler, vous reconnaîtrez qu'aucun
d'eux ne peut lui être comparé pour l'éloquence....
C'est là, mon cher Taine, à cette place, au milieu de
cet auditoire, et non parmi les dévotes mondaines du
XVIIᵉ siècle, que j'aurais voulu entendre le dernier
sermon de M. Cousin. S'il avait pris la parole au
milieu de cette foule, pendant que tous les auditeurs repassaient ainsi dans leur mémoire les écla-

tants souvenirs de sa vie, il aurait paru ce qu'il
était en effet, l'un des maîtres les plus puissants de
ce xix° siècle, auquel il appartient par ses qualités et
par ses défauts, et qui lui appartient par tant de
leçons données et de services rendus. Ses amis, qui
n'ont jamais été bien nombreux, ses élèves, qui sont
innombrables, tous ceux qui l'ont connu de près,
peuvent avoir des griefs contre sa personne ou contre
ses doctrines. Ce n'en est pas moins une des gloires
les plus solides de Paris, où il est né, et de toute la
France; un des hommes qui ont le plus influé sur la
pensée de notre pays et de notre siècle. — Il n'y a
pas de femmes dans sa vie, ou du moins il n'y a pas
de femmes vivantes. Il reste cette grande lacune dans
son cœur, et dans son talent.

FIN

TABLE DES MATIÈRES

COULOMMIERS. — Imp. P. BRODARD et GALLOIS

LIBRAIRIE HACHETTE ET Cie

BOULEVARD SAINT-GERMAIN, 79, A PARIS.

LES
GRANDS ÉCRIVAINS FRANÇAIS

ÉTUDES SUR LA VIE, LES ŒUVRES ET L'INFLUENCE
DES PRINCIPAUX AUTEURS DE NOTRE LITTÉRATURE

Notre siècle qui finit a eu, dès son début, et léguera
au siècle prochain un goût profond pour les recherches historiques. Il s'y est livré avec une ardeur,
une méthode et un succès que les âges antérieurs
n'avaient pas connus. L'histoire du globe et de ses
habitants a été refaite en entier ; la pioche de l'ar-
chéologue a rendu à la lumière les os des héros de
Mycènes et le propre visage de Sésostris. Les ruines
expliquées, les hiéroglyphes traduits ont permis de
reconstituer l'existence des illustres morts ; parfois,
de pénétrer dans leur pensée.

Avec une passion plus intense encore, parce qu'elle
était mêlée de tendresse, notre siècle s'est appliqué
à faire revivre les grands écrivains de toutes les littératures, dépositaires du génie des nations, inter-
prètes de la pensée des peuples. Il n'a pas manqué
en France d'érudits pour s'occuper de cette tâche ;
on a publié les œuvres et débrouillé la biographie
de ces hommes illustres que nous chérissons comme

des ancêtres et qui ont contribué, plus même que les princes et les capitaines, à la formation de la France moderne, pour ne pas dire du monde moderne.

Car c'est là une de nos gloires, l'œuvre de la France a été accomplie moins par les armes que par la pensée, et l'action de notre pays sur le monde a toujours été indépendante de ses triomphes militaires : on l'a vue prépondérante aux heures les plus douloureuses de l'histoire nationale. C'est pourquoi les grands penseurs de notre littérature intéressent non seulement leurs descendants directs, mais encore une nombreuse postérité européenne éparse au delà des frontières.

Initiateurs d'abord, puis vulgarisateurs, les Français furent les premiers, au sein du tumulte qui marqua le début du moyen âge, à recommencer une littérature; les premières chansons qu'entendit la société moderne à son berceau furent des chansons françaises. De même que l'art gothique et que l'institution des universités, la littérature du moyen âge commence dans notre pays, puis se propage dans toute l'Europe : c'est l'initiation.

Mais cette littérature ignorait l'importance de la forme, de la sobriété, de la mesure; elle était trop spontanée et pas assez réfléchie, trop indifférente aux questions d'art. La France de Louis XIV mit en honneur la forme : ce fut, en attendant l'âge du renouveau philosophique dont Voltaire et Rousseau devaient être les apôtres européens au XVIIIᵉ siècle, et en attendant la période éclectique et scientifique où

nous vivons, l'époque de la vulgarisation des doctrines littéraires. Si cette tâche n'avait pas été rem-
plie comme elle l'a été, la destinée des littératures
eût été changée; l'Arioste, le Tasse, Camoens, Sha-
kespeare ou Spenser, tous les étrangers réunis, ceux
de la Renaissance et ceux qui suivirent, n'eussent
point suffi à provoquer cette réforme; et notre âge,
peut-être, n'eût point connu ces poètes passionnés
qui ont été en même temps des artistes parfaits, plus
libres que les précurseurs d'autrefois, plus purs de
forme que n'avait rêvé Boileau : les Chénier, les
Keats, les Gœthe, les Lamartine, les Leopardi.

Beaucoup d'ouvrages, dont toutes ces raisons jus-
tifient de reste la publication, ont donc été consacrés
de notre temps aux grands écrivains français. Et cependant ces génies puissants et charmants ont-ils
dans la littérature actuelle du monde la place qui
leur est due? Nullement, et pas même en France,
pour des raisons multiples.

D'abord, ayant reçu tardivement, au siècle dernier, la révélation des littératures du Nord, honteux
de notre ignorance, nous nous sommes passionnés
d'étranger, non sans profit, mais peut-être avec
excès, au grand détriment dans tous les cas des
ancêtres nationaux. Ces ancêtres, de plus, il n'a
pas été possible jusqu'ici de les associer à notre vie
comme nous eussions aimé, et de les mêler au courant de nos idées quotidiennes; du moins, et précisément à cause de la nature des travaux qui leur ont
été consacrés, on n'a pas pu le faire aisément. Où

donc, en effet, revivent ces morts? Dans leurs
œuvres ou dans les traités de littérature. C'est déjà
beaucoup sans doute, et les belles éditions savantes,
et les traités artistiquement ordonnés ont rendu
moins difficile, dans notre temps, cette communion
des âmes. Mais ce n'est point encore assez; nous
sommes habitués maintenant à ce que toute chose
nous soit aisée; on a clarifié les grammaires et les
sciences comme on a simplifié les voyages; l'impossible d'hier est devenu l'usuel d'aujourd'hui. C'est
pourquoi, souvent, les anciens traités de littérature
nous rebutent et les éditions complètes ne nous
attirent point : ils conviennent pour les heures
d'étude qui sont rares en dehors des occupations
obligatoires, mais non pour les heures de repos qui
sont plus fréquentes. Aussi, le livre qui s'ouvre,
tout seul pour ainsi dire à ces moments, est le dernier roman paru; et les œuvres des grands hommes,
complètes et intactes, immobiles comme des portraits de famille, vénérées, mais rarement contem-
plées, restent dans leur bel alignement sur les hauts
rayons des bibliothèques.

On les aime et on les néglige. Ces grands hommes
semblent trop lointains, trop différents, trop savants,
trop inaccessibles. L'idée de l'édition en beaucoup
de volumes, des notes qui détourneront le regard, de
l'appareil scientifique qui les entoure, peut-être le
vague souvenir du collège, de l'étude classique, du
devoir juvénile, oppriment l'esprit; et l'heure qui
s'ouvrait vide s'est déjà enfuie; et l'on s'habitue ainsi

à laisser à part nos vieux auteurs, majestés muettes, sans rechercher leur conversation familière.

Le but de la présente collection est de ramener près du foyer ces grands hommes logés dans des temples qu'on ne visite pas assez, et de rétablir entre les descendants et les ancêtres l'union d'idées et de propos qui, seule, peut assurer, malgré les changements que le temps impose, l'intègre conservation du génie national. On trouvera dans les volumes qui vont paraître des renseignements précis sur la vie, l'œuvre et l'influence de chacun des écrivains qui ont marqué dans la littérature universelle ou qui représentent un côté original de l'esprit français. Les livres seront courts, le prix en sera faible ; ils seront ainsi à la portée de tous. Ils seront conformes, pour le format, le papier et l'impression, au spécimen que le lecteur a sous les yeux. Ils donneront, sur les points douteux, le dernier état de la science, et par là ils pourront être utiles même à ceux qui savent : ils ne contiendront pas d'annotations, parce que le nom de leurs auteurs sera, pour chaque ouvrage, une garantie suffisante : le concours des plus illustres contemporains est, en effet, assuré à la collection. Enfin une reproduction exacte d'un portrait authentique permettra aux lecteurs de faire en quelque manière la connaissance physique de nos grands écrivains.

En somme, rappeler leur rôle, aujourd'hui mieux connu grâce aux recherches de l'érudition, fortifier leur action sur le temps présent, resserrer les liens et ranimer la tendresse qui nous unissent à notre passé littéraire; par la contemplation de ce passé, donner foi dans l'avenir et faire taire, s'il est possible, les dolentes voix des découragés : tel est notre but principal. Nous croyons aussi que cette collection aura plusieurs autres avantages. Il est bon que chaque génération établisse le bilan des richesses qu'elle a trouvées dans l'héritage des ancêtres; elle apprend ainsi à en faire meilleur usage; de plus, elle se résume, se dévoile, se fait connaître elle-même par ses jugements. Utile pour la reconstitution du passé, cette collection le sera donc encore, si l'accueil qu'elle reçoit permet de la mener à bien, pour la connaissance du présent.

10 avril 1887.

Viennent de paraître

VICTOR COUSIN	**MAD. DE SÉVIGNÉ**
par M. Jules Simon	Par M. Gaston Boissier
de l'Académie française.	de l'Académie française.

Pour paraître incessamment

GEORGE SAND	**TURGOT**
par M. Caro	par M. Léon Say
de l'Académie française.	de l'Académie française.
MONTESQUIEU	**VOLTAIRE**
par M. Albert Sorel.	par M. Ferd. Brunetière.
SAINTE-BEUVE	**ROUSSEAU**
par M. H. Taine	par M. Cherbuliez
de l'Académie française.	de l'Académie française.
RACINE	**MUSSET**
par M. Anatole France	par M. Jules Lemaître

Chaque volume broché, avec un portrait en photogravure. 2 fr.

www.ingramcontent.com/pod-product-compliance
Lightning Source LLC
Chambersburg PA
CBHW070408090426
42733CB00009B/1588